# Süßes, Mini-Kuchen, einfach lecker Desserts, Eis & mehr

Patrick Rosenthal

Mein erstes Backbuch.
Yeah! Das möchte ich meiner Mama
widmen, die sicherlich ganz stolz
darauf wäre, wenn sie es in
der Hand halten könnte.

# Inhalt

## Patrick backt

## Patrick eiskalt und ganz heiß

# Patrick frühstückt

# Patricks Desserts

# Patricks kleine Sünden

PATRICK ROSENTHAL

# Ich machs mir einfach

# Vorwort

//////////////////////////////////////////////////////

Als ich meinen Blog **www.ichmachsmireinfach.de** im September 2014 startete, habe ich nicht geahnt, wie sehr das auch mein Leben verändern würde. Plötzlich hatte ich eine Plattform, bei der man selbst etwas in den Hintergrund rückt und das, was auf dem Teller liegt zum Star wird. Verrückt. Ich fing an mich mit der Bedienungsanleitung meiner Kamera zu befassen, ging auf die Jagd nach Tellern, Tischdecken und Besteck, versuchte Tageslicht einzufangen und stöberte weltweit nach Rezeptideen. Eine große Leidenschaft wurde entflammt. Ich traf auf viele Bloggerkollegen/innen und tolle Leser/innen. Ganz großes Glück. Und ich kann mir nicht vorstellen jemals damit aufzuhören.

Und nun mein erstes Backbuch. Monatelang habe ich über der Rezeptauswahl gebrütet, in der Küche gestanden, ausprobiert, abgeändert, neu gemacht und gegessen. Und da ich den Anspruch hatte alles selbst zu fotografieren, habe ich mir noch eine neue Kamera gekauft und mir zahlreiche Tipps geholt. Und nun ist es vollbracht – du hältst mein erstes Backbuch in den Händen. Das macht mich unglaublich stolz. Du wirst schnell merken, dass du gar nicht viele Zutaten brauchst, um die Leckereien selbst zu machen. Und schnell gehen die meisten auch noch. So haben wir beide mehr Zeit zum Genießen!

Ein kleiner Hinweis zu den Rezepten in diesem Buch: Wenn nicht anders bei den Rezepten angegeben, backe ich alles mit **Umluft auf der mittleren Schiene**, das klappt bei mir hervorragend.
Wenn du Fragen haben solltest, kannst du mich jederzeit unter patrick@ichmachsmireinfach.de kontaktieren. Ich freue mich immer über Feedback, Anmerkungen und Anregungen!

Viel Spaß beim Ausprobieren und vor allem beim Schlemmen,

Patrick Rosenthal

# Patrick backt

★ ★ ★ ★ ★

# Clafoutis
## mit frischen Brombeeren

*Diese französische Nachspeise hat es mir einfach angetan. Ich erinnere mich an viele Grillnachmittage in Frankreich: Zum Abschluss stellte immer jemand eine Clafoutis, diese besondere Mischung aus Kuchen und Auflauf, auf dem Tisch und jeder nahm sich sofort einen Löffel und langte zu. Traditionell werden Kirschen verwendet, aber man kann (fast) alle Obstsorten nehmen. Eine Clafoutis für das ganze Jahr.*

## Zutaten

*für 1 Tarteform (⌀ 26 cm)*

*250 g frische Brombeeren*
*6 Eier*
*50 g Zucker*
*300 ml Milch*
*150 g Sahne*
*40 g gemahlene Mandeln*
*1 EL Mehl*

### Außerdem

*etwas Butter für die Form*
*etwas Puderzucker zum Bestäuben*

Backofen auf 160 °C (Umluft) vorheizen. Eine Tarteform einfetten und die gewaschenen Brombeeren (kurz trocken tupfen) in die Form geben.

Eier, Zucker, Milch, Sahne, Mandeln und Mehl mit dem Rührbesen gut verrühren und über die Brombeeren gießen. Keine Angst, der Teig ist ziemlich flüssig, was sich beim Backen schnell ändert. Für 50 Minuten in den Ofen geben.

Vor dem Servieren mit etwas Puderzucker bestäuben.

Clafoutis schmecken lauwarm am besten!

**Tipp**
*Wenn du keine
Fluff Marshmallowcreme
findest, nimmst du einfach ein
paar Schokoküsse (ohne Waffel).
Funktioniert hervorragend!*

# Schoko-Fondant-Kuchen
## mit weichem Marshmallow-Kern

,,,,,,,,,,,,,,,,,,,,,,,,,,,,,,,,,,,,,,,,,,,,,,,,,,,,,,,,,,,,

*Dieser Kuchen ist knusprig und bekommt seinen Kick durch die weiche
Marshmallowcreme. Ich habe die Geschmacksrichtung Himbeere
genommen, aber alle anderen eignen sich ebenso hervorragend. Der
Kuchen ist innendrin noch leicht weich und oben schön knusprig.*

,,,,,,,,,,,,,,,,,,,,,,,,,,,,,,,,,,,,,,,,,,,,,,,,,,,,,,,,,,,,

## Zutaten

*für 1 Springform (ø 26 cm)
oder 6 kleine Tarteförmchen*

### Boden

*50 g Zartbitterschokolade, gehackt
125 g Butter, weich
170 g Zucker
1 Prise Salz
1 Ei
170 g Mehl
1 TL Backpulver*

### Fondant

*100 g Zartbitterschokolade, gehackt
100 g Vollmilchschokolade, gehackt
200 g Butter
50 g Mehl
4 Eier
200 g Zucker*

### Außerdem

*1 Glas (200 g) Fluff Marshmallow-
creme in deiner Lieblingssorte
Mark von 1 Vanilleschote (oder aus
der Mühle)
etwas Butter für die Form*

Boden der Springform mit Backpapier auslegen und den
Rand einfetten.

Für den Boden die Schokolade im Wasserbad schmelzen
lassen. Butter, Zucker und Salz cremig rühren. Ei und
Schokolade unterrühren.

Mehl mit dem Backpulver vermengen und zur Schokoladenmasse geben. Kurz verrühren. Teig in die Form füllen
und die Ränder etwas andrücken.

Nun für den Fondant die Schokolade mit Butter im Wasserbad schmelzen lassen. Mehl unterrühren. Eier und Zucker
schaumig aufschlagen und unter die Schokoladenmasse
heben.

Backofen auf 150 °C (Umluft) vorheizen.

Die Marshmallowcreme mit Vanille im Wasserbad erhitzen
und verrühren. Creme auf den Boden verteilen und den
Fondant darauf geben. Im Ofen ca. 25–30 Minuten backen.
Abkühlen lassen.

★ ★ ★ ★ ★

# Schokoladen-Minze-Kuchen

*Ist das nicht eine unglaublich tolle Kombination? Schwere Schokolade und frische Minze. Das Rezept ist für eine Springform mit einem Durchmesser von 20 cm gedacht. Ich habe mit dem Teig zwei kleinere Kuchen gebacken. Einen mit 18 cm und einen mit 16 cm Durchmesser und beide aufeinander gestapelt. Wer es noch schokoladiger mag, der schneidet seinen 20 cm Kuchen einfach in der Mitte durch und füllt diesen mit der Schokoladen-Sahne Creme. Achtung, Suchtgefahr!*

## Zutaten

**für 1 Springform (φ 20 cm)**

### Teig

1 Bund frische Minze, gehackt
250 g Zucker
130 g Butter, weich
2 Eier
250 g Mehl
½ TL Backpulver
50 g Kakaopulver
130 ml heißes Wasser

### Icing

300 g Sahne
1 Bund frische Minze, gehackt
200 g Zartbitterschokolade, gehackt

Ofen auf 180 °C vorheizen. Die Minzblätter mit 3 TL Zucker in einem Mörser zerstoßen, bis der Zucker eine grünliche Farbe angenommen hat. Butter zusammen mit dem Minze-Zucker und dem restlichen Zucker, Eier, Mehl, Backpulver und Kakaopulver aufschlagen. Heißes Wasser zugeben und noch einmal kräftig durchschlagen. Kuchen ca. 20 Minuten backen. Perfekt ist er, wenn die Seiten durch sind und der Kuchen in der Mitte noch schön saftig ist.

Bei kleineren Formen verkürzt sich die Backzeit um etwa 5 Minuten. Kuchen komplett abkühlen lassen.

Sahne mit den Minzblättern aufkochen lassen. Deckel auf dem Topf geben und bei kleiner Hitze 30 Minuten ziehen lassen. So kann das Minze-Aroma wunderbar aufgenommen werden.

Sahne nochmals kurz aufkochen lassen, vom Herd nehmen und die Schokolade einrühren. Abkühlen lassen. Den Kuchen mit der Schokoladensahne bestreichen und vollständig abkühlen lassen, bis die Schokolade schön fest geworden ist.

**Tipp**
Kein Fan von
Zartbitterschokolade?
Mit Vollmilchschokolade
schmeckt der Kuchen
genauso gut!

# ★ ★ ★ ★ ★
## Bananen-
# Mini-Donuts

*Ja, ja ich weiß. „Richtige" Donuts werden frittiert und nicht gebacken.*
*Meine aber schon. Und sie schmecken einfach „richtig".*

## Zutaten

**für 40 Mini-Donuts** *(oder 18 große)*

*200 g Mehl*

*1 TL Backpulver*

*1 TL Zimt*

*½ TL Salz*

*3 kleine Bananen, zerdrückt*

*150 g Schmand*

*125 ml Öl ( Sonnenblumen- oder Rapsöl)*

*100 g brauner Zucker*

*2 Eier*

*Mark 1 Vanilleschote*

*100 g Schoko-Tröpfchen*

*100 g Butter*

*150 g Zucker*

### Außerdem

*etwas Butter zum Einfetten der Formen*

Ofen auf 180 °C vorheizen und die Donut-Formen einfetten. Mehl, Backpulver, ½ TL Zimt und Salz in eine Schüssel geben und vermengen.

Bananen, Schmand, Öl, brauner Zucker, Eier und Vanille in eine andere Schüssel geben und die Mehlmischung unter Rühren langsam zugeben. Die Schoko-Tröpfchen unterheben.

Den Teig nun in die Formen geben. Ich fülle den Teig in einen Spritzbeutel, so ist es einfacher die kleinen Donutmulden zu füllen. Donuts 10–12 Minuten goldbraun backen. In der Form 5 Minuten abkühlen lassen. Die Donuts aus der Form nehmen und auf einem Kuchengitter vollständig abkühlen lassen.

Butter schmelzen lassen. Den Zucker mit dem restlichen Zimt vermischen und in eine Schüssel geben. Jede Seite der Donuts in die warme Butter tunken und dann in der Zucker-Zimtmischung wälzen.

# Vanille-Cupcakes
## mit Zimt-Cornflakes

*Diese knackigen Zimt-Cornflakes haben es mir echt angetan.
Ich mache immer direkt die doppelte Menge, denn wenn sie
abgekühlt sind, eignen sie sich hervorragend als kleiner
Snack für den perfekten Couchabend.*

## Zutaten

*für 12 Stück*

### Teig

80 g Butter, Zimmertemperatur
180 g Zucker
1 Ei
Mark von ½ Vanilleschote
150 g Mehl
1½ TL Backpulver
1 Prise Salz
150 ml Milch

### Zimt-Cornflakes

30 g Butter
25 g Zucker
25 g brauner Zucker
1 Prise Salz
30 g Cornflakes
1 TL Zimt

### Buttercreme

220 g Butter, Zimmertemperatur
400 g Puderzucker
Mark von ½ Vanilleschote

Ofen auf 180 °C (Umluft) vorheizen und eine Muffin-Form mit Papierförmchen auslegen.

Butter und Zucker schaumig aufschlagen. Ei und Vanille zugeben und unterschlagen.

In einer anderen Schüssel Mehl, Backpulver und Salz vermengen. Mehlmischung zur Buttermischung geben, Milch hinzufügen und verrühren.

Teig in die Muffin-Förmchen füllen und 15 Minuten backen. Vollständig abkühlen lassen.

Für die Zimt-Cornflakes die Butter zusammen mit den beiden Zuckersorten und dem Salz in einen Topf geben und auf hoher Flamme unter Rühren köcheln lassen. Cornflakes und Zimt zugeben und unterheben. Cornflakes auf ein Backpapier geben und mindestens 30 Minuten abkühlen lassen.

Nun ist die Buttercreme an der Reihe: Butter mit Puderzucker und Vanille verrühren. Masse in einen Spritzbeutel füllen und auf die abgekühlten Cupcakes aufspritzen. Mit den Zimt-Cornflakes verzieren, servieren und genießen.

★ ★ ★ ★ ★

# Crunchy
# Apfel-Zimt-Kuchen

*Ich finde den Duft von Zimt einfach unwiderstehlich.
Und dieser Kuchen mit Apfel-Zimt-Füllung riecht im Backofen
so unglaublich, dass 50 Minuten Backzeit zu einer
großen Herausforderung werden.*

## Zutaten

**für 1 Kastenform**

### Teig

*150 g Zucker
Mark von 1 Vanilleschote
120 g Butter, Zimmertemperatur
2 Eier
180 g Mehl
2 TL Backpulver
1 Prise Salz
125 ml Milch*

### Füllung

*2 Äpfel, geschält und in kleine Würfel
geschnitten
100 g brauner Zucker
2 TL Zimt*

### Außerdem

*etwas Butter für die Form*

Ofen auf 180 °C (Umluft) vorheizen und eine Kastenform einfetten.

Zuerst die Füllung vorbereiten. Dafür Apfelwürfel, braunen Zucker und Zimt vermengen und zur Seite stellen.

Zucker, Vanille und Butter aufschlagen und die Eier einzeln unterrühren. Mehl, Backpulver und Salz in einer Schüssel vermengen. Die Eiermasse zufügen und unterrühren. Milch zufügen und verrühren.

Die Hälfte des Teiges in die Kastenform geben. Auf den Teig etwa die Hälfte der gezuckerten Apfelwürfel geben. Den restlichen Teig darüber verteilen und den Rest der Apfelwürfel zum Schluss auf den Teig geben. Im Ofen 50 Minuten backen. Abkühlen lassen. Fertig.

# ★ ★ ★ ★ ★
# Apfel Donuts

Hätte die böse Hexe dieses Rezept gehabt,
dann wäre die Sache mit Schneewittchen bestimmt anders
ausgegangen. Diesen kleinen Apfel Donuts
kann einfach keiner widerstehen.

## Zutaten

*für 12 Stück*

### Teig

250 g Mehl
1½ TL Backpulver
3 Eier
200 g Zucker
100 g Apfelmus
Mark von 1 Vanilleschote
etwas Zimt
1 Prise Salz
60 ml Öl

### Glasur

200 g Puderzucker
100 g Apfelmus
Lebensmittelfarbe
in Grün und/oder Rot
4 Schokoladenstäbchen,
je in 3 Teile geschnitten
Minzblättchen

### Außerdem

etwas Butter für die Form

Backofen auf 180 °C vorheizen und die Donut-Backform
etwas einfetten.

Mehl mit dem Backpulver vermischen. Eier, Zucker,
Apfelmus, Vanille, Zimt, Salz und Öl aufschlagen. Mehlmischung dazugeben und alles gut verrühren. Teig mit
einem Esslöffel in die Mulden der Donutform geben und
15–18 Minuten goldbraun backen. Abkühlen lassen, aus
der Form lösen und auf einem Kuchengitter platzieren.

Für die Glasur Puderzucker mit dem Apfelmus gut verrühren und die Lebensmittelfarbe dazugeben. Ich habe je 100 g
Puderzucker, 50 g Apfelmus mit roter und grüner Lebensmittelfarbe eingefärbt.

Donuts eintunken und auf dem Gitter abtropfen und fest
werden lassen. Je ein Stück des Schokoladenstäbchens in
die Donuts stecken, ein Minzeblättchen dazu und fertig
ist der Apfel-Donut.

# ★ ★ ★ ★ ★
# Walnussbrot
## mit Blaubeeren

*,,,,,,,,,,,,,,,,,,,,,,,,,,,,,,,,,,,,,,,,,,,,,,,,,,,,,,,,,,*

*Zum Glück muss man nicht wie der Bäckermeister früh aus den Federn,
um dieses leckere Brot zu backen. Funktioniert auch ausgezeichnet um
vier Uhr am Nachmittag! Mir schmeckt dieses fruchtige Brot am besten
mit Frischkäse oder etwas gesalzener Butter.*

*,,,,,,,,,,,,,,,,,,,,,,,,,,,,,,,,,,,,,,,,,,,,,,,,,,,,,,,,,,*

## Zutaten

**für 1 Brot**

180 ml Vollmilch
2 Eier
120 ml Speiseöl
100 g brauner Zucker
60 g Mehl
220 g Dinkelmehl
100 g kernige Haferflocken
3 TL Backpulver
1 TL Zimt
1 Prise Salz
200 g Blaubeeren
100 g Walnüsse, gehackt

**Außerdem**

etwas Butter für die Form

Ofen auf 189 °C vorheizen und eine Kastenform einfetten.
Milch, Eier, Öl und braunen Zucker aufschlagen. Mehlsorten und Haferflocken mit Backpulver gut vermengen.

Mehlmischung in die Eiermischung nach und nach unterrühren. Zimt und Salz zugeben und verrühren.

Zuletzt Blaubeeren und Walnüsse unterheben.

Teig in die Form füllen und 45–50 Minuten backen.
Abkühlen lassen. Ein bisschen warm darf das Brot aber
noch sein. Schmeckt unglaublich lecker!

## Tipp

*Anstelle von Walnüssen
eignen sich auch andere
Nusssorten. Die Blaubeeren
lassen sich auch gut gegen
Johannisbeeren austauschen.
Rosinen passen auch.
Das Brot lässt sich nach
Belieben „pimpen".*

# ★ ★ ★ ★ ★
## Toffee-Apfel-
# Brownies

/////////////////////////////////////////////////////////

*Ohne Brownies geht es doch nicht, oder? Sie sind so unglaublich wandelbar. Diese mag ich besonders gern. Das fruchtige Apfelmus und die getrockneten Apfelstückchen sind eine perfekte Kombination zum schokoladigen Brownie.*

/////////////////////////////////////////////////////////

## Zutaten

**für 1 Springform
(ca. 24 cm x 24 cm)**

*180 g Apfelmus*

*70 g Kakaopulver, ungesüßt*

*60 ml Apfelsaft*

*300 g Zucker*

*2 Eier*

*Mark 1 Vanilleschote (oder aus der Mühle)*

*170 g Mehl*

*1 TL Backpulver*

*1 TL Zimt*

*1 Prise Anis, gemahlen*

*1 Prise Salz*

*150 g getrocknete Äpfel, grob gehackt*

*10 Toffee-Bonbons, grob gehackt*

**Außerdem**

*Puderzucker*

Ofen auf 160 °C Umluft vorheizen und die Springform mit Backpapier auslegen.

Apfelmus, Kakaopulver und Apfelsaft in einer großen Schüssel verrühren.

Zucker, Eier, Vanille zugeben und verrühren. Mehl, Backpulver, Zimt, Anis und Salz zugeben und unterrühren. Die gehackten getrockneten Äpfel unterheben.

Teig in die Springform geben und die Toffee-Bonbons über den Teig geben.

25–30 Minuten backen. In der Form abkühlen lassen. In Stücke schneiden und vor dem Servieren mit Puderzucker bestreuen.

# Windbeutel
## mit Meringue-Füllung

*Windbeutel sind so eine Kindheitserinnerung. Ich kam erst wieder darauf, als ich bei Bloggerin Michaela (www.herzelieb.de) Windbeutel auf dem Blog entdeckt habe. Und schon juckte es mich in den Fingern und musste sofort ran an die Beutel.*

## Zutaten

*für 6-8 Stück*

**Teig**

250 ml Milch
100 g Butter
1 Prise Salz
150 g Mehl
4 Eier

**Füllung**

200 g frische Blaubeeren
20 g Zucker
4 Eiweiß
280 g Zucker
etwas Lebensmittelfarbe
in Blau (optional)

Milch, Butter und 1 Prise Salz aufkochen lassen. Das Mehl zugeben und mit einem Holzlöffel alles vermengen, bis der Teig zu einem Kloß wird und sich vom Topfboden löst. 1 Ei sofort unterrühren und den Teig etwas abkühlen lassen. Dann die restlichen Eier nach und nach feste unterschlagen.

Backofen auf 180 °C vorheizen. Ein Backblech mit Backpapier auslegen. Teig in einen Spritzbeutel mit Sterntülle füllen und 6–8 Teigtupfen auf das Backblech spritzen. 20–25 Minuten backen. Windbeutel zum Abkühlen auf ein Gitterrost geben.

Für die Füllung die Blaubeeren mit 20 g Zucker in einem kleinen Topf aufkochen lassen. Mit einer Gabel oder einem Kartoffelstampfer die Beeren zerdrücken. Die Masse über ein Sieb geben und den Blaubeersaft in einer Schüssel auffangen.

Eiweiß steif schlagen und den Zucker nach und nach einrieseln lassen. Den Blaubeersaft und Lebensmittelfarbe (optional) langsam unterrühren. Solange aufschlagen bis die Masse schön steif und dick wird.

Die Windbeutel mit einem scharfen, glatten Messer aufschneiden. Die Eiweißmasse in einen Spritzbeutel mit Sterntülle geben und auf den Boden der Windbeutel hoch aufspritzen. Windbeuteldeckel aufsetzen und servieren.

**Tipp**
Die Windbeutel
lassen sich auch prima im
Kühlschrank aufbewahren.
Kommt bei mir allerdings
eher selten vor.
Warum nicht gleich
aufessen, oder?

★ ★ ★ ★ ★

# Mein pinker
# Brombeerkuchen

*Ist diese Farbe nicht herrlich? Und das ganz ohne Lebensmittelfarbe!*
*Frei nach dem Motto „Tasty in Pink" habe ich diesem Leckerbissen*
*ein farbiges Kleid verpasst. Sieht nicht nur gut aus,*
*schmeckt auch phänomenal.*

## Zutaten

*für 1 Kastenform*

### Teig

*150 g Mehl*
*25 g gemahlene Mandeln*
*1 Prise Salz*
*1 TL Backpulver*
*50 g Butter, weich*
*180 g Zucker*
*2 Eier*
*Mark von 1 Vanilleschote*
*abgeriebene von Schale von*
*1 Limette, unbehandelt*
*125 ml Milch*

### Glasur

*100 g Brombeeren*
*1 TL Zucker*
*Saft von ½ Limette*
*200 g Puderzucker*

### Außerdem

*etwas Butter für die Form*

Ofen auf 180 °C vorheizen und eine Kastenform einfetten.

Mehl mit Mandeln, Salz und Backpulver vermengen.

In einer zweiten Schüssel Butter, Zucker, Eier, Vanille, Limettenschale und Milch einige Minuten aufschlagen. Die Mehlmischung nach und nach unterrühren.

Teig in die Kastenform geben und 40–50 Minuten backen. Abkühlen lassen.

Jetzt wird es pink! Während der Kuchen im Ofen ist die Brombeeren mit einer Gabel zerquetschen. Zucker und Limettensaft zugeben. 10 Minuten ruhen lassen, sodass sich Saft bilden kann.

Durch ein Sieb geben und mit Puderzucker zu einer festen Glasur verrühren. Über den noch warmen Kuchen geben und mit Brombeeren servieren.

# ★ ★ ★ ★ ★
# Muffnuts

,,,,,,,,,,,,,,,,,,,,,,,,,,,,,,,,,,,,,,,,,,,,,,,,,,,,,,,,,,,,,,,,,,,,,,

*Ich bin ein Muffnut! Noch nie von mir gehört? Ich sehe aus wie ein Muffin und schmecke wie ein Donut. Und ich bin wandelbar. Das macht mich unheimlich attraktiv und das Zuckerkleid einfach unwiderstehlich.*

,,,,,,,,,,,,,,,,,,,,,,,,,,,,,,,,,,,,,,,,,,,,,,,,,,,,,,,,,,,,,,,,,,,,,,

## Zutaten

**für 12 Stück**

*200 g Mehl*
*1 TL Backpulver*
*150 g Zucker*
*2 Eier*
*100 g Joghurt*
*Mark von 1 Vanilleschote*
*140 g Butter, geschmolzen*
*12 TL Himbeermarmelade*
*etwas Zucker zum bestäuben*

### Außerdem

*etwas Butter für die Form*

Backofen auf 170 °C (Umluft) vorheizen und eine 12er-Muffin-Form einfetten.

Mehl mit dem Backpulver und dem Zucker in eine Schüssel geben und vermengen.

In eine zweite Schüssel Eier mit Joghurt und Vanille aufschlagen und zusammen mit der geschmolzenen Butter zur Mehlmischung geben und unterrühren.

2/3 des Teiges auf die Muffin-Mulden verteilen. 1 TL Himbeermarmelade in die Mitte des Teiges geben und den restlichen Teig darüber verteilen. 15–18 Minuten backen. 5 Minuten abkühlen lassen, aus den Mulden nehmen und in Zucker wälzen. Am besten den ersten Muffnut noch lauwarm essen.

# ★ ★ ★ ★ ★
# Kleine Kaffeekuchen

Es war in einem kleinen Café in Marrakech. Ich habe mich sofort verliebt - in diesen kleinen Kaffeekuchen. Ich mag den knackigen Boden und das weichere Innenleben. Dazu gab es damals einen starken frischen Pfefferminztee. Wenn ich daran denke, könnte ich mich sofort wieder in den Flieger nach Marokko setzen. Mit Marrakech verbinde ich die schönste Zeit meines Lebens und wenn das Fernweh richtig groß ist, müssen diese kleinen Kaffeekuchen her. Ein kleiner Trost.

## Zutaten

**für 1 eckige Springform (ca. 24 cm x 24 cm)**

100 g Mehl

100 g Dinkelmehl

250 g brauner Zucker

2 TL Zimt

eine Prise frisch gemahlene Muskatnuss

eine Prise Koriander, gemahlen

180 g Butter, in kleinen Würfeln, kalt

2 TL Natron

250 g saure Sahne

4 TL starker Espresso

2 Eier, verquirlt

100 g Walnüsse, gemahlen oder grob zerhackt

Ofen auf 180 °C vorheizen. Die beiden Mehlsorten, Zucker und Gewürze vermengen. Die Butterwürfel zugeben und ordentlich mit den Händen verkneten.

Die Hälfte des Teiges in eine eingefettete, eckige Springform geben und mit den Händen fest andrücken.

Die andere Hälfte des Teiges mit Natron, saurer Sahne, Espresso, Eiern und den Walnüssen vermengen. Den Teig in die Springform geben und 30 Minuten backen.

Komplett abkühlen lassen und in kleine Streifen schneiden.

## Tipp

So schmeckt Marrakech! Für 1 Liter des marokkanischen Nationalgetränk „thé à la menthe" brauchst du 3 EL losen, grünen Tee. 5 Zweige frische Marokkanische Minze, 1 Liter Wasser und 3 EL Zucker. Losen Tee in eine Kanne geben und mit etwas heißem Wasser überbrühen und 1 Minute ziehen lassen. Durch ein Sieb den ersten Aufguss wegkippen (so schmeckt der Tee später nicht bitter). Minze in die Kanne geben, Zucker hinzufügen und mit 1 Liter heißem Wasser aufgießen. 5 Minuten ziehen lassen und durch ein Sieb auf die Gläser verteilen.

# ★ ★ ★ ★ ★
# Kidneybohnen-
# Schokoladenkuchen

,,,,,,,,,,,,,,,,,,,,,,,,,,,,,,,,,,,,,,,,,,,,,,,,,,,,,,,,,,,,,,,,

*Hört sich erst einmal komisch an, oder? Ist es aber nicht.
Die Kidneybohnen verleihen dem Schokoladenkuchen eine
überraschende Süße und vor allem eine „fudgy" Konsistenz.
Einfach zum Niederknien!*

,,,,,,,,,,,,,,,,,,,,,,,,,,,,,,,,,,,,,,,,,,,,,,,,,,,,,,,,,,,,,,,,

## Zutaten

**für 1 runde Springform
(⌀ 20cm)**

*1 Dose (400 g) Kidneybohnen
100 g Reismehl
1½ TL Backpulver
80 ml Sonnenblumenöl
50 g Kakaopulver, ungesüßt
130 g brauner Zucker
3 Eier
Mark von 1 Vanilleschote
1 Prise Salz*

**Außerdem**
*etwas Butter für die Form*

Ofen auf 180 °C vorheizen und die Springform einfetten.

Kidneybohnen gut abtropfen lassen und pürieren.

Mehl mit dem Backpulver vermischen. Alle Zutaten (bis auf die Mehlmischung) in eine große Schüssel geben und verrühren. Das Mehl nach und nach zugeben und gut unterrühren.

Den Teig in die Springform geben und 25–30 Minuten backen. Nach dem Backen den Kuchen am besten noch 10 Minuten in der Springform auskühlen lassen, dann aus der Form lösen und auf einem Kuchengitter vollständig abkühlen lassen.

Am besten schmeckt der Kuchen mit einer großen Kugel Vanilleeis. Am besten selbst gemacht.

**Tipp**
*Es gibt kein
Reismehl, Baby?
Wer kein Reismehl zur
Hand hat, kann auch
„normales" Mehl nehmen,
oder Reiskörner
in der Kaffeemühle
mahlen.*

**Tipp**
*Wer es alkoholfrei mag,
kann anstelle des dunklen
Starkbieres auch ein
alkoholfreies
Malzbier nehmen.*

# ★ ★ ★ ★ ★
## Erdnussbutter-
# Malztörtchen

///////////////////////////////////////////

*Malzgeschmack und Erdnussbutter. Hallo? Das kann nur ein Knaller-Törtchen werden, oder? Und das Beste, selbst wenn man zu viel von diesem Malztörtchen gegessen hat - am nächsten Morgen quält einem sicher kein fieser Kater.*

///////////////////////////////////////////

## Zutaten

*für 4 Springformen (⌀ 12 cm)*

**Teig**

250 g Mehl
3 TL Backpulver
½ TL Salz
75 g Kakao, ungesüßt
300 ml dunkles Starkbier
220 g Butter
100 g Zucker
250 g brauner Zucker
4 Eier

**Buttercreme**

120 g Butter, Zimmertemperatur
150 g Puderzucker
2 TL Erdnussbutter, cremig

**Topping**

2 Eiweiß
100 g Zucker

Ofen auf 170 °C (Umluft) vorheizen. Mehl mit dem Backpulver und Salz vermischen.

In einer zweiten Schüssel Kakao, Bier, Butter, beide Zuckersorten und Eier aufschlagen. Mehlmischung nach und nach zugeben und unterrühren. Den Teig auf die Springformen verteilen.

Im Ofen ca. 30–40 Minuten backen (Stäbchenprobe machen). Die Kuchen vollständig abkühlen lassen.

Für die Buttercreme alle Zutaten zusammen verrühren und bis zur Verwendung kalt stellen.

Nun wird das Törtchen zusammengesetzt. Dafür die Buttercreme (2 TL zur Seite stellen) zwischen die einzelnen Kuchen verteilen. Die restliche Buttercreme einfach mit einem langen Messer (oder einer Palette) auf den zusammengesetzten Kuchen aufstreichen.

Für das Topping Eiweiß steif schlagen und den Zucker langsam einrieseln lassen. Masse in einen Spritzbeutel füllen und kleine „Tuffs" auf das Törtchen aufspritzen. Zum Schluss mit einem Gasbrenner die Eiweißtuffs bräunen.

### Tipp

*Anstatt der Grillpfanne
funktioniert der Grilleffekt
natürlich auch mit einem
Kontaktgrill perfekt. Ich mag
den leichten Kaffeegeschmack in
der Schokoladensauce, da diese
dann intensiver schmeckt.
Wer das nicht mag, lässt das
aufgelöste Kaffeepulver
einfach weg.*

# ★ ★ ★ ★ ★
# Gegrillter Orangenkuchen
## mit Schokoladen-Kaffeesauce

*Mein Kuchen mit Grilleffekt. Ich mag es, wenn der Kuchen mit Orangen-
saft beträufelt wird, dass macht ihn so richtig saftig. Meist bereite ich
den Kuchen einen Tag vorher vor und tränke ihn mit dem Orangensaft
erst kurz bevor die Gäste kommen. Durch das Grillen in der Pfanne
(oder im Kontaktgrill) bekommt er nicht nur eine besondere Note,
sondern schmeckt wie frisch gebacken.*

## Zutaten

### für 1 Kuchen

### Teig

200 g Mehl
1 TL Backpulver
180 g Butter, Zimmertemperatur
180 g Zucker
3 Eier
Schale einer Bio-Orange
Mark von 1 Vanilleschote
50 g Mandeln, gemahlen

### Sauce

2 TL heißes Wasser
1 TL Instantkaffee
100 g Sahne
1 TL Zuckerrübensirup
220 g Zartbitterschokolade, gehackt

### Außerdem

etwas Butter für die Form
60 ml Orangensaft

Backofen auf 150 °C (Umluft) vorheizen und eine Kastenform einfetten.

Mehl mit dem Backpulver vermengen. In einer zweiten
Schüssel Butter mit dem Zucker schaumig schlagen. Eier
nach und nach zugeben und unterschlagen. Mehlmischung
langsam dazugeben und verrühren. Orangenabrieb, Vanille
und Mandeln unterheben und nochmals kräftig verrühren.
Teig in die Kastenform geben und für 55 Minuten backen.
Den Kuchen vollständig abkühlen lassen und in Scheiben
schneiden.

Währenddessen kannst du die Schokoladensauce zubereiten. Einfach die 2 TL Wasser mit dem Instantkaffee vermischen und in einen Topf geben. Sahne und Zuckerrübensirup zugeben, verrühren und erwärmen. Die Schokolade
zugeben und unter ständigem Rühren auflösen. Vom Herd
nehmen und zur Seite stellen.

Die einzelnen Kuchenscheiben mit einer Gabel einstechen
und mit dem Orangensaft beträufeln. Die Kuchenscheiben
in einer Grillpfanne von beiden Seiten je 2–3 Minuten
grillen. Noch warm mit der Schokoladensauce servieren.

# ★ ★ ★ ★ ★
## Sangria
# Cupcakes

,,,,,,,,,,,,,,,,,,,,,,,,,,,,,,,,,,,,,,,,,,,,,,,,,,

*Olé, Olé, Olé ... wenn ich an Sangria denke, kommt unweigerlich das Bild von großen Eimern und langen Strohhalmen in meinem Kopf. Ich habe zwar nie verstanden, wieso man gerne aus Eimern und mit zehn anderen ein Getränk trinkt, aber es geht ja auch anders. Ein bisschen Sangria-Feeling in meinen Cupcakes. Olé!*

,,,,,,,,,,,,,,,,,,,,,,,,,,,,,,,,,,,,,,,,,,,,,,,,,,

## Zutaten

*für 12 Cupcakes*

### Teig

200 g Mehl
1 TL Backpulver
1 Prise Salz
150 g Zucker
2 Eier
120 g Butter
Mark von ½ Vanilleschote
50 g saure Sahne
50 g Erdbeeren, gewürfelt
abgeriebene Schale von 1 Orange
50 g Apfel, gewürfelt

### Buttercreme

200 g Butter, Zimmertemperatur
250 g Puderzucker
Mark von ½ Vanilleschote

### Rotweinsirup

500 ml Rotwein
60 g Zucker

Für den Rotweinsirup Rotwein und Zucker in einen Topf geben und 20 Minuten köcheln lassen, sodass er sich reduziert. Beim Abkühlen wird der Sirup dann auch etwas fester.

Backofen auf 180 °C (Umluft) vorheizen und eine Muffin-Form mit Papierförmchen auslegen. Mehl mit dem Backpulver, Salz und Zucker vermengen.

Eier, Butter, Vanille und saure Sahne aufschlagen und die Mehlmischung langsam zugeben und gut verrühren. Erdbeeren, Orangenschale und Apfelstücke unterheben.

Teig in die Muffin-Förmchen füllen und ca. 15 Minuten backen. Die Cupcakes vollständig abkühlen lassen.

Für die Buttercreme Butter zusammen mit dem Puderzucker und der Vanille verrühren und langsam den abgekühlten Rotweinsirup dazugeben. Wie viel Rotweinsirup du beimengst, hängt von der gewünschten Konsistenz ab und wie kräftig die Buttercreme nach Rotwein schmecken soll. Als Faustregel gilt: Je mehr Rotweinsirup, desto mehr Puderzucker, damit die Buttercreme schön fest bleibt.

Die Buttercreme in einen Spritzbeutel füllen und auf die Cupcakes aufspritzen. Mit Orangescheiben und Beeren garnieren, servieren und die spanische Sonne fühlen!

# ★ ★ ★ ★ ★
# Cheesecake-Party

,,,,,,,,,,,,,,,,,,,,,,,,,,,,,,,,,,,,,,,,,,,,,,,,,,,,,,,,,,,,,,,,,,,,,,,,,,,,,,,,,,,,,

*Ich veranstalte in regelmäßigen Abständen eine Cheesecake-Party, weil nicht nur ich sondern auch alle meine Freunde Cheesecake lieben. Am liebsten in seiner ganz klassischen Version. Dazu kommen verschiedenen Saucen auf den Tisch und alle dürfen sich ihren Cheesecake so verfeinern, wie sie ihn am liebsten mögen. Und bei jeder Party kommt eine neue Sauce hinzu - ich kann einfach nicht aufhören!*

*Trotzdem, der Star ist und bleibt natürlich der Cheesecake. Ich mache meist direkt die doppelte Menge und verteile eine Hälfte auf viele kleine Springformen. So ein richtig guter Cheesecake braucht seine Zeit, daher am besten einen Tag vorher mit den Vorbereitungen beginnen.*

,,,,,,,,,,,,,,,,,,,,,,,,,,,,,,,,,,,,,,,,,,,,,,,,,,,,,,,,,,,,,,,,,,,,,,,,,,,,,,,,,,,,,

## Zutaten

*für 1 runde Springform*
*(∅ 28 cm)*

### Boden

*200 g Vollkornbutterkekse*
*20 g Zucker*
*100 g Butter, geschmolzen*

### Belag

*900 g Frischkäse*
*600 g Crème fraîche*
*8 Eier*
*250 g Zucker*
*80 g Mehl*
*2 Prisen Salz*
*1 Zitrone, Schale und Saft*
*Mark von 1 Vanilleschote*

### Außerdem

*etwas Butter für die Form*

## Grundrezept Cheesecake

Backofen auf 170 °C (Umluft) vorheizen und die Springform einfetten.

Butterkekse zerkrümeln und zusammen mit dem Zucker und der Butter verkneten. Kekskrümelteig in die Springform geben und feste andrücken (am besten mit einem Glasboden)und 15 Minuten backen. Abkühlen lassen und die Temperatur im Backofen auf 220 °C erhöhen.

Alle Zutaten für den Belag in eine große Schüssel geben und gut verrühren. Die Frischkäsemasse auf den Keksboden geben und 10 Minuten backen. Den Ofen auf 90 °C runterdrehen und nochmals 50–60 Minuten backen. Ofen ausschalten und den Käsekuchen mindestens 1 Stunde im Ofen ruhen lassen. Über Nacht in den Kühlschrank stellen.

# ★ ★ ★ ★ ★
# Toppings für Cheesecake

///////////////////////////////////////////////////

*Im Saucenhimmel! Im Saucenhimmel! Hier eine Auswahl meiner*
*Lieblingstoppings. Ich kann gar nicht sagen, welche ich am liebsten mag ...*

///////////////////////////////////////////////////

## ▶ Zutaten ◀

1 kleine Honigmelone,
in kleine Würfel geschnitten
1 Avocado, entkernt und geschält
70 g Zucker
Saft 1 Limette

500 ml Kokoswasser
100 g Zucker
2 Mangos, gewürfelt
Saft von 1 Limette
Mark von ½ Vanilleschote

400 g Himbeeren
300 ml Roséwein
200 g Zucker
Saft von 1 Orange
abgeriebene Schale von 1 Orange
½ TL Zimt
2 TL Speisestärke

450 g Heidelbeeren
250 ml Wasser
120 ml Ahornsirup
50 g Zucker
Mark von ½ Vanilleschote
Saft von 1 Zitrone

### Honig-Avocado Topping

Alle Zutaten zusammen pürieren und in den Kühlschrank
bis zum Servieren stellen. Wer es feiner mag, kann die Masse vorher durch ein Sieb geben.

### Mango-Kokosnuss Topping

Kokoswasser mit dem Zucker in einem Topf erhitzen und
zum Kochen bringen. 15 Minuten köcheln lassen, sodass
sich die Masse etwas reduziert. Mangos zufügen und 3
Minuten mitköcheln lassen. Vom Herd nehmen und den
Limettensaft und Vanille unterrühren. Alles pürieren und
kalt stellen.

### Rosé-Himbeer Topping

Himbeeren, Roséwein, Zucker, Orangensaft und -schale
mit dem Zimt in einen Topf geben und aufkochen lassen.
30 Minuten auf mittlerer Flamme köcheln lassen.

Speisestärke mit 3 TL Wasser verrühren und in die Himbeersauce einrühren. 3 Minuten köcheln lassen. Vom Herd
nehmen und abkühlen lassen. Wer die kleinen Körnchen in
der Himbeersauce nicht mag, kann die Sauce natürlich vor
dem Abkühlen durch ein feines Sieb geben.

### Heidelbeer Topping

Heidelbeeren, Wasser, Ahornsirup, Zucker, Vanille und
Zitronensaft in einen Topf geben. Zum Kochen bringen,
kräftig umrühren und auf kleiner Flamme 20 Minuten
köcheln lassen. Durch ein Sieb geben und abkühlen lassen.

### Zutaten

500 g Erdbeeren
180 g Zucker
300 ml Roséwein
2 TL Speisestärke (optional)

### Erdbeer Topping

Erdbeeren würfeln und zusammen mit dem Zucker in einen Topf geben. 2o Minuten ziehen lassen. Roséwein zufügen und aufkochen lassen. 20 Minuten köcheln lassen.

Durch ein Sieb geben und kalt stellen. Wenn dir die Sauce zu dünn ist, dann verrühre 2 TL Speisestärke mit 3 TL Wasser.

Die durchgesiebte Masse kurz aufkochen lassen, die Speisestärkemischung einrühren und 3 Minuten köcheln lassen. Abkühlen lassen.

### Zutaten

250 ml heißer, starker Kaffee
200 g Vollmilchschokolade, gehackt
100 g Sahne

### Kaffee-Schokolade Topping

Vollmilchschokolade in einen kleinen Topf geben. Darauf den heißen Kaffee gießen und verrühren, sodass sich die Schokolade auflöst. Sahne zugeben und kurz unter Rühren aufkochen lassen. Abkühlen lassen.

---

# Patrick eiskalt und ganz heiß

---

★ ★ ★ ★ ★

# Die perfekte
# Eiswaffel

*Im Becher oder im Hörnchen? Meist nehme ich mein Lieblingseis im Becher, weil ich die industriell gefertigten Eiswaffeln nicht mag. Daheim bevorzuge ich aber die Waffel. Selbst gemacht und knusprig. Und ein Eiswaffeleisen ist meist schon unter 15 Euro zu haben.*

## Zutaten

### für 8 Eiswaffeln

*4 Eiweiß*
*60 g Butter, geschmolzen*
*100 g Mehl*
*2 EL Zucker*
*120 g Puderzucker*
*1 EL Milch*
*1 Prise Salz*
*Mark von 1 Vanilleschote*
*(oder aus der Mühle)*

Eiweiß sehr steif schlagen. Alle anderen Zutaten dazugeben und verrühren.

Ich nutze ein Eiswaffeleisen. Es eignet sich aber auch ein normales Waffeleisen. Waffeleisen vorheizen und 1–2 EL Teig in die Mitte des Waffeleisens geben und ca. 1–2 Minuten goldbraun backen.

Heiße Waffel auf ein Backpapier legen und zu einer spitzen Tüte drehen. Hier kann man sich einen länglichen Gegenstand zur Hilfe nehmen. Waffel solange halten bis sie erstarrt und in Form bleibt. Das geht recht flott. Aber Vorsicht! Die Waffel ist wirklich heiß.

Man kann dem Teig natürlich allerlei Geschmacksrichtungen zufügen wie Orangenabrieb oder etwas Meersalz.

Wer es noch viel bunter mag, stellt sich einfach aus Puderzucker und Wasser eine feste Glasur her und taucht die Waffel zuerst in die Glasur und dann in bunte Lebensmittelperlen. Aber es eignet sich auch geschmolzene Schokolade. Der Kreativität sind keine Grenzen gesetzt. Zum Trocknen der Glasur einfach die Eiswaffeln auf einen Flaschenhals legen.

**Tipp**

Die noch warme
Waffel einfach in eine
Muffin-Form drücken und
erkalten lassen.
So bekommt man herrliche
Eiswaffelbecher.
Falls man das Eis doch
lieber aus dem Becher
isst.

## Tipp

*Um Backpapier perfekt
in die Form der jeweiligen
Behältnisse zu bringen, ein–
fach das Backpapier zusammen
knüllen und kurz unter Wasser
halten. Das Backpapier wird
unglaublich weich und lässt
sich so mühelos in jede
Form bringen*

★ ★ ★ ★ ★

# Tiramisu-Eis

⸝⸝⸝⸝⸝⸝⸝⸝⸝⸝⸝⸝⸝⸝⸝⸝⸝⸝⸝⸝⸝⸝⸝⸝⸝⸝⸝⸝⸝⸝⸝⸝⸝⸝⸝⸝⸝⸝⸝⸝⸝⸝⸝⸝⸝⸝⸝⸝⸝

*Während man in Italien noch überlegt,*
*wer das Tiramisu nun genau erfunden hat,*
*mache ich mir einfach ein Eis daraus.*
*Viva Italia!*

⸝⸝⸝⸝⸝⸝⸝⸝⸝⸝⸝⸝⸝⸝⸝⸝⸝⸝⸝⸝⸝⸝⸝⸝⸝⸝⸝⸝⸝⸝⸝⸝⸝⸝⸝⸝⸝⸝⸝⸝⸝⸝⸝⸝⸝⸝⸝⸝⸝

## Zutaten

*4 Eier*

*100 g Zucker*

*250 g Mascarpone*

*Mark von 1 Vanilleschote
(oder aus der Mühle)*

*5 TL Instantkaffee*

*5 TL heißes Wasser*

*4 TL Amaretto oder Kaffeelikör*

*10 Löffelbiskuits, in Stücke
geschnitten*

*Kakaopulver (optional)
zum Servieren*

Eine Kasten- oder Terrinenform mit Backpapier auslegen, sodass die Enden an der langen Seite etwas herausschauen.

Eigelb vom Eiweiß trennen. Eigelb mit dem Zucker aufschlagen. Mascarpone und Vanille dazugeben und verrühren. Eiweiß steif schlagen und unter die Mascarponecreme heben.

Instantkaffee mit dem heißen Wasser und Likör vermischen und die Löffelbiskuits kurz eintauchen. Nicht zu lange, da die Löffelbiskuits sonst zu sehr aufweichen.

Nun 1/3 der Mascarponemasse in die Form geben und die Hälfte der Löffelbiskuits darauf verteilen. Jetzt das nächste Drittel der Mascarponemasse auf die Biskuits geben. Restliche Löffelbiskuits darauf verteilen und abschließend den Rest der Mascarponemasse darauf verteilen und mit einem Löffel glatt streichen. Abdecken und über Nacht einfrieren.

Vor dem Servieren kurz antauen lassen. Das Eis lässt sich jetzt gut an den Enden des Backpapiers herausheben. Wer mag, kann nun das Eis noch mit Kakaopulver bestreuen, in Scheiben schneiden und servieren.

# ★ ★ ★ ★ ★
# Baileys-Eiscreme
## mit gerösteter Brioche

*Kannst du dir vorstellen, wie gut das frisch geröstete Brioche riecht?
Es ist einfach himmlisch und nicht alle Briochewürfel wurden in dem Eis
verarbeitet. Sie sind auf unheimliche Weise einfach verschwunden.
Yummi!*

## Zutaten

**für ca. 600 ml Eis**

*200 g Brioche, in kleine Würfel
geschnitten*

*80 g brauner Zucker*

*500 g Sahne*

*150 g Zucker*

*Mark von 1 Vanilleschote*

*5 Eigelb*

*80 ml Baileys*

Ofen auf 180 °C vorheizen. Brioche mit dem braunen Zucker zusammen vermengen und auf ein Backblech geben. Für 10 Minuten im Backofen rösten bis das Brioche eine schöne goldene Farbe erhält. Abkühlen lassen.

Sahne in einen Topf geben und erhitzen. Zucker und Vanille zugeben und auf mittlerer Hitze solange verrühren, bis sich der Zucker vollständig aufgelöst hat.

Eigelb in einer großen Schüssel aufschlagen. Die warme Sahne langsam zum Eigelb gießen. Dabei die Masse mit dem Schneebesen aufschlagen. Die Eiersahne nun zurück in den Topf geben und auf kleiner Temperatur kontinuierlich mit dem Schneebesen verrühren, bis die Masse etwas eindickt. Vom Herd nehmen und Baileys einrühren.

Die abgekühlten Briochewürfel unterheben. Masse mindestens über Nacht einfrieren.

**Tipp**
Wer eine Eismaschine hat, hebt die gerösteten Brioche erst zum Schluss unter, damit diese beim Verrühren in der Eismaschine nicht zerbröseln. Und wer es alkoholfrei mag, kann natürlich den Baileys mit 80 ml starkem, abgekühltem Kaffee ersetzen.

★ ★ ★ ★ ★

# Kokosnuss-Lavendel
# *Limonade*

*Ich liebe den Duft von Lavendel und diese besondere Farbe. Schon mal eine Lavendel-Limonade probiert? Nein? Dann wird es jetzt Zeit. Herrlich erfrischend. Man benötigt nicht den ganzen Lavendelsirup, aber du wirst bestimmt schnell Verwendung für ihn finden: 2 EL Lavendelsirup mit Prosecco aufgießen und eisgekühlt genießen. Oder 5 EL mit 500 ml Wasser vermischen und in Eiswürfelbehälter füllen und im Sommer in die Zitronenlimonade oder ins Sprudelwasser geben. Herrlich!*

## Zutaten

### für den Lavendelsirup

200 g Zucker

150 ml Wasser

3 TL getrocknete Lavendelblüten

Mark von 1 Vanilleschote (oder aus der Mühle)

etwas Lebensmittelfarbe in Lila (optional)

### für 1 Liter Limonade

Saft von 3 Zitronen

60 g Zucker

250 ml Kokoswasser (alternativ Kokosmilch mit Wasser mischen)

10 TL Lavendel Sirup

700 ml Wasser

und viel Eis

Zucker, Wasser und Lavendelblüten in einen Topf geben und zum Kochen bringen. 1 Minute köcheln lassen, vom Herd nehmen, Vanille einrühren und abgedeckt 20 Minuten ziehen lassen. Etwas Lebensmittelfarbe zugeben, durch ein Sieb seihen und in eine Flasche füllen.

Zitronensaft, Zucker, Kokoswasser, 10 TL von dem selbst gemachten Lavendelsirup in einen Mixer geben und vermischen. Mit Wasser auffüllen und kurz vermixen. Gläser mit Eiswürfel füllen und mit der Limonade auffüllen.

Und dann zurücklehnen, von Urlaub träumen und genießen!

# Mein „Wir machen das Krümelmonster neidisch" - Eis

*Hätt ich dich heut erwartet, hätt ich Kekse da ...*
*aber Eis habe ich immer im Gefrierfach!*
*Und das blaue Keks-Eis ist der absolute Renner bei meinen Gästen.*
*Vor allem bei den kleineren.*

## Zutaten

*Lieblingskekse,*
*so viel wie man will*
*500 g Sahne*
*Mark von 1 Vanilleschote*
*Lebensmittelfarbe in Blau*
*1 Dose gezuckerte Kondensmilch*
*(ca. 400 g)*

Lieblingskekse in kleine Stücke brechen. Sahne zusammen mit der Vanille und der Lebensmittelfarbe steif schlagen.

Die gezuckerte Kondensmilch unterschlagen.

Kekse unterheben und die Masse einfrieren oder in eine Eismaschine geben.

Ein guter Tipp: Die leere Dose gezuckerte Kondensmilch gut ausspülen und im Gefrierfach aufbewahren. Diese kann man später super als Eisbecher nutzen.

**Tipp**
*Anstelle von Pekannüssen schmecken gesalzene, zerhackte Macadamianüsse auch hervorragend dazu. Einfach mal ausprobieren!*

# Schokoladen-Pekannuss-Eis

*Wenn schon Schokoladeneis, dann aber richtig. Und am liebsten mit leckeren Nüssen. Was du erwarten darfst?*
*Das beste Schokoladeneis - EVER!*

## Zutaten

*für ca. 1 Liter*

*1 Dose gezuckerte Kondensmilch (ca. 400 g)*
*50 g Kakaopulver, ungesüßt*
*750 g Sahne*
*Mark von 1 Vanilleschote*
*60 g Pekannüsse, gehackt*

Kondensmilch in einen kleinen Topf geben und den Kakao unterrühren. Kurz aufkochen lassen und vom Herd nehmen. Dann die Sahne und Vanille unterrühren und abkühlen lassen.

Wer eine Eismaschine hat, kann die Schokoladenmasse nun in die Eismaschine geben und nach der Hälft des Gefriervorganges die Pekannüsse unterheben.

Wer keine Eismaschine hat, gibt die Pekannüsse in die Schokoladensahne und gibt alles in einen gefriertauglichen Behälter und friert diesen mindestens 4 Stunden ein. In den ersten 2 Stunden sollte man alle 30 Minuten die Eismasse einmal kräftig umrühren, damit sich nicht so viele Eiskristalle bilden und das Eis schön cremig bleibt.

★ ★ ★ ★ ★

# Weinsorbet

*Sorbets sind so herrlich erfrischend und leicht gemacht.*
*Quick & easy! Das mag ich. Und meine Gäste auch.*
*Meist reiche ich das Sorbet zwischen Hauptgang und Dessert,*
*das erfrischt und macht Lust auf den Nachtisch.*

## Zutaten

*für ca. 0,75 Liter*

*500 ml süßen Rotwein*
*4 TL Zucker*
*Saft von 1 Zitrone*
*Saft von 1 Orange*
*750 g gefrorene gemischte Beeren*

Alle Zutaten in einen Blender geben und pürieren.

Die Masse durch ein Sieb geben und einfrieren. Durch den Anteil an Alkohol bleibt das Sorbet schön cremig.

Wer keinen Blender zu Hause hat, kann die Zutaten natürlich auch mit einem Pürierstab vermengen.

### Alternative

Der Rotwein kann auch perfekt durch Weißwein ausgetauscht werden. Anstelle von gemischten Beeren passen dazu weiße Weintrauben.

# Weiße heiße Schokolade

Wenn das Wetter schmuddelig wird, brauche ich eine warme Decke und liebe Menschen um mich herum, die mit mir auf dem Sofa kuscheln und zusammen eine weiße heiße Schokolade trinken. Sarah, Biene, Carola, Ayana, Michaela, Jens, Sven, Uwe, Thorsten, Sigi ! LUST?

## Zutaten

### für 500 ml

500 ml Vollmilch
150 g weiße Schokolade
1 Tonkabohne, gerieben
5 Zimtblüten
250 g Sahne, geschlagen
Lebensmittelfarbe
in Türkis (optional)

Vollmilch mit weißer Schokolade, Tonkabohne und Zimtblüten in einen Topf geben und unter Rühren aufkochen lassen, bis die Schokolade geschmolzen ist. 10 Minuten bei schwacher Hitze ziehen lassen. Durch ein Sieb geben und direkt in die Gläser füllen.

Die geschlagene Sahne in einen Spritzbeutel mit Sterntülle geben und in die Gläser spritzen. Wer es etwas farbiger mag, der gibt ein wenig Lebensmittelfarbe (ungleichmäßig), vor dem Befüllen mit der Sahne, in den Spritzbeutel.

## Tipp

*Mit kleinen Mini-Marshmallows toppen und bei ganz kalten, schmuddeligen Tagen 5 TL weißen Rum mit zur Milch geben. Wirkt Wunder!*

# Heiße Erdnussbutter-
# Schokolade

*Es gibt so Tage an denen nur noch eine heiße Schokolade hilft. Ich habe schon einige Tassen zubereiten müssen. Eine Tasse hilft garantiert gegen akuten Liebeskummer, Fernweh, gescheiterte Diäten und schlechte Laune. Die heiße Erdnussbutter-Schokolade ist wie eine warme wollige Decke, die wir alle ab und zu gebrauchen können.*

## Zutaten

**für 2 Personen**

*500 ml Milch*
*2 TL Speisestärke*
*2 TL Kakaopulver, ungesüßt*
*50 g Vollmilchschokolade*
*25 g Zartbitterschokolade*
*2 TL Erdnussbutter, cremig*

**Topping**

*250 g Sahne*
*1 TL Zucker*
*1 TL Erdnussbutter*
*ein paar Salzbrezeln zum Garnieren*

2 TL Milch mit der Speisestärke verrühren und zur Seite stellen.

Die restliche Milch zusammen mit dem Kakaopulver, Schokolade und Erdnussbutter in einem kleinen Topf erwärmen. Unter ständigem Rühren die Masse solange erwärmen bis sich die Schokolade und die Erdnussbutter aufgelöst haben. Nicht kochen lassen.

Nun gibst du die Speisestärkemischung in den Topf und rührst diese vollständig ein bis die Masse leicht dicklich wird.

Die heiße Schokolade nun in zwei große Gläser füllen. Sahne mit dem Zucker und der Erdnussbutter steif schlagen und auf die heiße Schokolade geben und mit Salzbrezeln servieren.

*Heiße Schokolade –
der ideale Seelentröster!
Die Salzbrezeln scheinen
erstmal fehl am Platz,
aber nur Mut!
Sie passen einfach
perfekt dazu!*

Patrick

frühstückt

# Bananen-Kardamom-
# Frühstückskekse

///////////////////////////////////////////////

*Diese Kekse gibt es bei mir schon seit einigen Jahren. Wenn ich Besuch
habe, der früh morgens schon aus dem Haus muss, packe ich ein kleines
Frühstückspaket für die Reise zusammen. Da dürfen die Frühstücks-
kekse nicht fehlen. Anstelle von den Rosinen nehme ich auch mal gerne
getrocknete Cranberries oder mische ein paar zerhackte Nüsse unter.*

///////////////////////////////////////////////

## Zutaten

*für 12 große Kekse*

*200 g Haferflocken*

*250 g Mehl*

*1 TL Backpulver*

*½ TL Natron*

*1 TL Zimt*

*1 TL Kardamom, gemahlen*

*½ TL Meersalz*

*1 Ei*

*Mark von 1 Vanilleschote*

*125 ml Kokosfett (zum Beispiel
Palmin, geschmolzen)*

*125 ml Zuckerrübensirup*

*1 Banane, zerdrückt*

*100 g Rosinen*

Backofen auf 180 °C vorheizen und zwei Backbleche mit
Backpapier auslegen.

Haferflocken, Mehl, Backpulver, Natron, Zimt, Kardamom
und Salz vermengen.

In einer zweiten Schüssel Ei, Vanille, Pflanzenfett, Zuckerrübensirup und die zerdrückte Banane aufschlagen. Die
Mehlmischung mit einem Holzlöffel unterheben und gut
vermengen. Zum Schluss noch die Rosinen unterheben.

Mit einem Löffel den Teig auf das Backblech geben und
mit den Händen etwas rund formen. 12–15 Minuten
backen und vollständig abkühlen lassen.

### Tipp

*Du kannst auch
unter den Teig zusätzlich
50 g gehackte Walnüsse heben.
Für den morgendlichen
Power-Crunch!
Der perfekte Start
in den Tag!*

# B.E.S.P.A

Noch nie gehört? Dahinter verbirgt sich nichts anderes als ein
Brot-Erdbeer-Schokoladen-Pudding-Auflauf, kurz BESPA.
Eigentlich ganz einfach, oder? Aber keine Sorge, so kompliziert das jetzt
auch klingen mag, der Auflauf ist schnell gemacht und ist unheimlich
lecker. Da trennt man sich nur ungern vom Frühstückstisch.

## Zutaten

**8 Scheiben Toastbrot
(American Sandwich)**

Nuss-Nougat Brotaufstrich
Erdbeermarmelade
380 ml Milch
60 g Zucker
2 Eier
Vanille aus der Mühle

**Außerdem**
etwas Butter für die Form

Ofen auf 180 °C vorheizen. Eine mittlere Auflaufform einfetten. 4 Scheiben Toast mit Nuss-Nougat-Creme und die
restlichen 4 Scheiben mit Erdbeermarmelade bestreichen.

Brotscheiben aufeinanderlegen, sodass 4 Sandwiches entstehen. Jedes Sandwich zweimal diagonal durchschneiden, sodass 4 Dreiecke entstehen. Alle Sandwich-Dreiecke in die
Auflaufform geben, sodass die Spitzen nach oben zeigen.

Milch, Zucker, Eier und Vanille verquirlen und auf die
Toastscheiben gießen. 10 Minuten gehen lassen und für
35–40 Minuten im Ofen backen. Noch warm servieren.

## Tipp

*Anstelle von Erdbeer-marmelade kann man natürlich auch jede andere Marmelade nehmen. Auf die Nuss-Nougat-Creme würde ich aber nicht verzichten, denn gibt es was Besseres als warme, geschmolzene Schokoladencreme?*

# Kokos-Brioche

*Brioches haben es mir angetan.*
*Ein Sonntagsfrühstück wird mit einem frischem Brioche einfach*
*perfekt. Ich mag sie gerne mit gesalzener Butter oder frischer Erdbeer-*
*marmelade. Gibt es einen besseren Start in den Tag?*

## Zutaten

### für 6 Stück

*180 ml Kokosnussmilch*
*1 Pck. Trockenhefe (7 g)*
*300 g Mehl*
*2 TL Zucker*
*1 Prise Salz*
*60 ml Milch*
*2 TL Öl*
*1 Ei*
*60 g Butter, weich*
*1 Eigelb mit 1 TL Wasser*
*verquirlt*

### Außerdem

*etwas Butter für die Form*

Kokosnussmilch erwärmen und die Trockenhefe unterrühren.

Mehl, Zucker, Salz, Milch, Öl, Ei, Butter und Kokosnusshefemilch zu einem glatten Teig verkneten. Zugedeckt an einem warmen Ort ca. 30 Minuten gehen lassen.

Backofen auf 180 °C vorheizen (Umluft 160 °C).

Hefeteig durchkneten und in sieben gleichgroße Kugeln formen. Eine Muffin-Form mit Papierförmchen versehen oder Briocheformen einfetten.

Die Kugeln in die Formen geben. Die Kugeln mit etwas Eigelb-Wassermischung bepinseln. Aus der 7. Kugel 6 kleine Kugeln formen und auf die großen Kugeln setzen und mit der Eigelb-Wassermischung bepinseln.

Die Brioches auf der 2. Schiene von unten 20–25 Minuten backen.

**Tipp**
*Schmeckt auch
wunderbar, wenn man
50 g Kokosraspeln
unter den Teig mengt.*

★ ★ ★ ★ ★

# Frischkäse-Waffeln
## mit warmer Zitronensauce

*Waffeln erinnern mich an meine Kindheit. Mama machte die besten Waffeln. Dazu gab es frische Schlagsahne und angedickte Kirschen aus dem Glas. Ich habe das geliebt. Heute experimentiere ich immer wieder gern mit neuen Waffelrezepten und der Duft von frisch gebackenen Waffeln versetzt mich noch mal in meine Kindheit zurück.*

## Zutaten

*für 4 große Waffeln (je nach Waffeleisen)*

200 g Mehl

2 TL Backpulver

150 g Butter, Zimmertemperatur

2 Eier

3 TL Zucker

Abrieb von einer Bio-Zitrone

180 ml Milch

3 TL frischer Zitronensaft

100 g Frischkäse

1 Prise Salz

Mark von 1 Vanilleschote

### Zitronensauce

200 g Zucker

Abrieb von einer Bio-Zitrone

1 TL Speisestärke

180 ml Zitronensaft

2 TL Butter

Mehl mit Backpulver vermengen. Butter mit den Eiern schaumig schlagen. Zucker mit den Zitronenzesten vermengen und zur Seite stellen.

Milch, Zitronensaft, Frischkäse, Salz und Vanille zur Butter-Ei-Mischung geben und verrühren. Mehl nach und nach zugeben und unterrühren. Gezuckerte Zitronenschale unterheben.

Waffeleisen vorheizen und Waffeln backen bis sie goldbraun sind.

Für die Zitronensauce Zucker, Zitronenschale und Speisestärke zusammen mit dem Zitronensaft in einem kleinen Topf geben und mit dem Schneebesen gut verrühren.

Erwärmen und kurz aufköcheln lassen (rühren nicht vergessen), bis die Sauce eine dickliche Konsistenz bekommt. Vom Herd nehmen und die Butter unterrühren. Die noch warme Sauce über die Waffeln geben und genießen.

# Schokoladenpudding
## mit geröstetem Brioche

*Jetzt wird es schokoladig und ganz schön lecker. Meine warmen Briochepuddings sind so etwas wie meine große Liebe geworden. Ständig versuche ich neue Ideen in die kleinen Auflaufförmchen zu bringen. Und warum? Weil es wirklich einfach ist und während wir beim Hauptgang sind, die kleinen Dinger schön im Ofen warten bis der Nachtischhunger kommt.*

### Zutaten

**für 6 Auflaufformen**
**(⌀ 10 cm)**

400 g Brioche, gewürfelt
300 ml Kondensmilch
200 g Sahne
100 g Zucker
Mark von 1 Vanilleschote
1 Prise Salz
200 g Vollmilchschokolade, geraspelt
3 Eier

**Außerdem**
etwas Butter für die Form

Ofen auf 180 °C (Umluft) vorheizen. Die Briochewürfel auf ein mit Backpapier ausgelegtem Backblech geben und im Ofen 10 Minuten rösten. Abkühlen lassen und den Ofen auf 120 °C runterheizen.

Kondensmilch, Sahne, Zucker, Vanille und Salz in einem kleinen Topf unter Rühren erhitzen. Die geraspelte Schokolade in eine große Schüssel geben und mit der heißen Milchmischung aufgießen. Rühren bis sich die Schokolade vollständig aufgelöst hat. Etwas abkühlen lassen. Die Eier nach und nach unter die Schokoladenmasse unterrühren.

Auflaufformen einfetten und mit den gerösteten Brotwürfeln füllen. Die Schokoladensauce über die Brotwürfel geben und etwas ruhen lassen, sodass sich das Brioche mit der Schokoladensauce vollsaugen kann. Gegebenenfalls noch etwas Schokoladensauce zugießen.

Im Ofen 1 Stunde backen und noch warm servieren.

**Tipp**

Wer es noch schokoladiger
mag, kann unter die
Sahnemischung noch 20 g
Kakaopulver mischen.
Mit weißer Schokolade und
mit Zartbitterschokolade
klappt das Rezept
natürlich auch.

★ ★ ★ ★ ★

# Ricotta
# Hotcakes

*Jetzt wird es richtig HOT.*
*Das sind meine Lieblingspfannkuchen.*
*Also ran an die Pfanne, denn, frei nach Loriot,*
*ein Leben ohne Pfannkuchen ist möglich, aber sinnlos.*

### Zutaten

*für 6 Stück*

*2 Eier*
*100 g Mehl*
*½ TL Backpulver*
*50 g Zucker*
*180 ml Buttermilch*
*Mark von ½ Vanilleschote*
*100 g Ricotta*
*Butter zum Ausbacken*

Eier trennen und das Eiweiß steif schlagen. Zur Seite stellen. Achtung, das Eigelb nicht wegwerfen!

Das Mehl zusammen mit dem Backpulver und dem Zucker vermengen. Eigelb, Buttermilch, Vanille und Ricotta zur Mehlmischung geben und kurz verrühren. Das Eiweiß unterheben.

Einen TL Butter in eine beschichtete Pfanne geben und erhitzen, bis die Butter geschmolzen ist. Nun eine Schöpfkelle (ca. 2/3 gefüllt) von dem Teig in die Pfanne geben und den Herd auf mittlere Hitze stellen. Den Hotcake 3–4 Minuten bei geringer Hitze backen, umdrehen und nochmals langsam backen.

Damit die Hotcakes schön fluffig bleiben, ist es wirklich wichtig sie bei mittlerer Hitze mit viel Geduld auszubacken. Man sieht beim Ausbacken richtig, wie sie langsam schön hoch gehen.

Mit Griechischem Joghurt und/oder Ahornsirup oder Obst servieren.

### Tipp

*5 kleine entsteinte*
*Pflaumen mit 4 TL Honig*
*und 6 TL Rotwein in einem*
*Topf 5 Minuten köcheln*
*lassen. Schmeckt wunderbar*
*zu den Hotcakes.*
*Ausprobieren!*

# Patricks Desserts

## ★ ★ ★ ★ ★

# Bananen-Auflauf
## mit Karamell

*,,,,,,,,,,,,,,,,,,,,,,,,,,,,,,,,,,,,,,,,,,,,,,,,,,,,,,,,,*

*Dieses warme Dessert kombiniert einfach alles, was ich sehr gerne mag:*
*Gebackene Bananen, Karamell und geröstetes Brioche.*

*,,,,,,,,,,,,,,,,,,,,,,,,,,,,,,,,,,,,,,,,,,,,,,,,,,,,,,,,,*

### Zutaten

*für 10 Auflaufförmchen (⌀ 10 cm)*

**Karamell**

*220 g Zucker*

*30 g Butter*

*125 ml Sahne*

*1 TL Whiskey*

*1 TL Zitronensaft*

*1 TL Meersalz*

*60 ml Wasser*

**Auflauf**

*400 g Brioche, in Scheiben*
*geschnitten und gewürfelt*

*5 Eier*

*200 g Zucker*

*1 Prise Salz*

*1 Liter Vollmilch*

*250 ml Sahne*

*Mark 1 Vanilleschote*

*3 Bananen, in Scheiben geschnitten*

**Außerdem**

*Meersalz zum Bestreuen*

*Etwas Butter zum Einfetten der*
*Förmchen*

Zuerst wird das Karamell gemacht. Wasser und Zucker in einem Topf geben und bei mittlerer Hitze erwärmen und unter Rühren den Zucker auflösen lassen. Die Temperatur nun etwas höher stellen und 10 Minuten köcheln lassen, bis die Masse goldbraun wird. Vom Herd nehmen und Butter, Sahne, Whiskey, Zitronensaft und Salz einrühren. In eine Schüssel füllen und zur Seite stellen.

Ofen auf 200 °C vorheizen und die Brotwürfel auf ein mit Backpapier ausgelegtem Backblech legen und 20 Minuten im Ofen goldbraun werden lassen. Abkühlen lassen.

Eier, Zucker, Salz, Milch, Sahne und Vanille in einer großen Schüssel aufschlagen.

Förmchen einfetten und die gerösteten Briochewürfel zusammen mit den Bananenscheiben auf die Förmchen verteilen. Je 1 EL der Karamellsoße über jedes Förmchen verteilen, dann die Sahne-Milchmischung auf die Förmchen gießen, bis alles schön verdeckt ist.

Mindestens 1 Stunde an einem kalten Ort ruhen lassen.

Backofen auf 150 °C vorheizen, etwas Meersalz auf die Förmchen verteilen und 1 Stunde im Ofen backen. Die restliche Karamellsoße erwärmen und vor dem Servieren auf den Auflauf geben.

**Tipp**

*Natürlich kannst du den
Auflauf auch in einer großen
Auflaufform machen.
Wer den Whiskey weglassen
möchte, ersetzt diesen einfach mit
einem EL starkem Kaffee.*

**Tipp**
*Sei experimentierfreudig!
Probiere diesen Trifle
mit deinem
Lieblings-Schokoladenriegel
aus. Du wirst es lieben.*

# ★ ★ ★ ★ ★
# Brownie-Trifle
## mit Schoko-Sahne

*,,,,,,,,,,,,,,,,,,,,,,,,,,,,,,,,,,,,,,,,,,,,,,,,,,,,*

*Das nenne ich ein richtiges Dessert.*
*Meine Gäste sind jedesmal begeistert und empfangen dieses*
*Dessert mit den Worten ,,Das schaffe ich niemals aufzuessen".*
*Und ... es ist bisher jedem gelungen.*

*,,,,,,,,,,,,,,,,,,,,,,,,,,,,,,,,,,,,,,,,,,,,,,,,,,,,*

## Zutaten

**für die Brownies**
**(für 4 Personen)**

*3 TL Kakaopulver, ungesüßt*
*60 g Mehl*
*1 Prise Salz*
*½ TL Backpulver*
*Mark 1 Vanilleschote*
*(wahlweise aus der Mühle)*
*100 g Butter, geschmolzen*
*120 g Zucker*
*2 Eier*
*10 Schokostücke*
*mit Karamellfüllung*

**Karamell**

*220 g Zucker*
*60 ml Wasser*
*120 ml Sahne*
*40 g Butter*

**Schokoladensahne**

*500 g Sahne*
*30 g Zucker*
*2 TL Kakaopulver, ungesüßt*

Ofen auf 180 °C vorheizen und eine eckige Springform (24 cm x 24 cm) mit Backpapier auslegen.

In eine große Schüssel Kakaopulver, Mehl, Salz, Backpulver und Vanille vermengen.

Butter, Zucker und Eier schaumig aufschlagen. Die Mehlmischung langsam zugeben und verrühren. Den Teig in die Form geben. Die Schokostücke halbieren und auf den Teig geben. 20 Minuten im Ofen backen und gut auskühlen lassen und in mundgerechte Stücke schneiden.

Für die Karamellsauce: Wasser und Zucker in einem Topf mit einem Schneebesen vermengen und erhitzen. Unter gelegentlichem Umrühren die Zuckermasse zum Kochen bringen und solange köcheln lassen, bis der Zucker eine leichte goldbraune Farbe angenommen hat. Vom Herd nehmen und Sahne und Butter unterrühren, bis sich alles vollständig aufgelöst hat. Die Karamellsauce abkühlen lassen.

Für die Kakao-Sahne die Sahne mit dem Zucker und dem Kakaopulver aufschlagen und bis zur Zubereitung kalt stellen.

Die Gläser befüllen: Den Glasboden mit 1 EL Schokoladensahne bedecken. Darauf ein paar Brownie-Stücke und 1 TL Karamell. Nun ein paar Schokostücke darauf und wiederholen.

★ ★ ★ ★ ★

# Der schnellste
# Kokosnuss-Pudding

/////////////////////////////////////////////////

*Ich mach's mir eben manchmal gerne einfach. Und wenn es dann auch noch total lecker ist, freue ich mich umso mehr. Meine Gäste lieben diesen Kokospudding. Manchmal serviere ich ihn noch lauwarm mit einer Kugel Kokos-Eis. Der Pudding hat Suchtpotential.*

/////////////////////////////////////////////////

## Zutaten

### für 4 Personen

*30 g Speisestärke*

*Mark von 1 Vanilleschote
(oder aus der Mühle)*

*140 g Zucker*

*5 Eigelb*

*1 Dose Kokosmilch (400 ml)*

*100 ml Milch*

*100 g Kokosraspeln*

In einer kleinen Schüssel Speisestärke, Vanille, Zucker und Eigelb mit einem Schneebesen kräftig verrühren.

Kokosmilch und Milch in einem kleinen Topf geben und langsam erwärmen. Kurz vor dem Aufkochen die Temperatur etwas herunterdrehen und die Ei-Zuckermischung langsam unterrühren, bis eine halbfeste Masse entsteht und alle Zutaten gut vermengt sind.

Den Pudding in kleine Dessertförmchen geben.

In einer kleinen Pfanne die Kokosraspeln kurz anrösten (nicht aus den Augen verlieren, das geht unheimlich schnell) und auf den Pudding geben. Fertig! Ist das nicht wunderbar?

**Tipp**

*Unbedingt ausprobieren:
2 EL cremige
Erdnussbutter mit in den
Topf geben und erwärmen
und anstelle der
gerösteten Kokosflocken mit
zerbröselten
Erdnusskeksen
servieren.*

# Champagnercreme
## mit weißer Schokolade

Das ist mein „ich mach's mir einfach dekadent"-Dessert. Weiße Schokolade und prickeliger Champagner sind eine traumhafte Kombination. Mit frischen Beeren, in kleine Einmachgläser gefüllt, ist es ein perfektes Sommer-Dessert. In Cocktail-oder Champagnergläser gefüllt mit einer Himbeere oder einer Erdbeere als Topping wird es zu einem extravaganten Dessert zu Weihnachten oder Silvester.

## Zutaten

**für 4 Personen**

125 g Sahne

400 g weiße Schokolade, gehackt

190 ml Champagner
(oder Sekt)

200 g Frischkäse

12 Butterkekse

In einem kleinen Topf Sahne und Schokolade erwärmen, bis die Schokolade geschmolzen ist. Sobald die Schokolade ganz geschmolzen ist, Champagner unterrühren und vom Herd nehmen. Alles abkühlen lassen.

Frischkäse mit der Schokoladenmasse verrühren und für mindestens 20 Minuten in den Kühlschrank stellen. Die Butterkekse zerbröseln und auf die Dessertgläser verteilen.

Die Schokoladenmasse auf die Gläser verteilen und bis zum Servieren kühl stellen. Die Creme lässt sich am besten mit einem Spritzbeutel in die Gläser füllen. Keine Spritzbeutel im Haus? Dann nimm einfach einen Gefrierbeutel und schneide eine kleine Ecke ab.

### Tipp

Ich bereite die Creme
einen Tag vorher zu
und decke die Gläschen
mit Frischhaltefolie ab.
Zum Servieren einfach
ein paar frische Beeren
auf die Gläschen
verteilen.

★ ★ ★ ★ ★

# Irish Cream Küchlein

*Diese kleinen Küchlein schmecken am besten,
wenn sie warm serviert werden und sich die lauwarme
Whiskey-Karamellsauce mit der Sahne vermischt.
So schmeckt das Glück der Iren!*

## Zutaten

**für 2 kleine Auflauf-formen
(⌀ 10 cm)**

120 g Mehl
1 TL Backpulver
120 g Butter, weich
120 g brauner Zucker
2 Eier
1 EL Instantkaffee

**Whisky-Karamellsauce**

120 g Zucker
6 TL Wasser
120 g Sahne
3 TL Whiskey

**Außerdem**

etwas Butter für die Förmchen
150 g Sahne, geschlagen,
zum Servieren

Ofen auf 180 °C vorheizen und die Förmchen einfetten. Mehl mit dem Backpulver vermengen.

In einer zweiten Schüssel Butter schaumig schlagen und den braunen Zucker nach und nach unterschlagen. Eier und Instantkaffee (nicht aufgelöst) zugeben und alles kräftig aufschlagen. Mehl zufügen und kurz unterschlagen.

Teig in die Förmchen füllen. Förmchen auf ein Backblech setzen und das Backblech mit heißem Wasser füllen, sodass die Förmchen halb im Wasser stehen. Für 25–30 Minuten backen.

Während die Küchlein backen, kannst du die Sauce zubereiten. Zucker und Wasser in einem Topf kurz aufkochen lassen. Gut umrühren, sodass sich der Zucker vollständig auflösen kann. Dann ohne rühren noch mal aufkochen lassen, sodass der Sirup eine schöne braune Farbe erhält. Topf vom Herd nehmen und sofort Sahne und Whisky einrühren. Gut rühren, damit sich das Karamell mit der Sahne und dem Whiskey verbindet (notfalls nochmals kurz erwärmen).

Zum Servieren die geschlagene Sahne auf die Küchlein geben und mit der Whiskey-Karamellsauce übergießen.

★ ★ ★ ★ ★

# Kirsch Curd

Neben dem klassischen Lemon Curd, der in Großbritannien als süßer Brotaufstrich verwendet wird, kann man viele tolle andere Varianten ausprobieren. Wie das herrliche Kirsch Curd, welches man auf frisch geröstetem Brot genießen, oder als Füllung für Kuchen und Gebäck nutzen kann. Ob Kirsch oder Zitrone - in einem ähneln sich aber alle Curds: Man muss rühren, rühren und nochmals rühren. Möge der Schneeb... ach nein, das war was Anderes.

## Zutaten

*für 4-5 Marmeladengläser*

400 g Kirschen, entsteint
4 Eigelb
200 g Zucker
1 Prise Salz
100 g Butter
Saft von ½ Zitrone

Kirschen pürieren. Alle Zutaten in eine Schüssel geben.

Die Zutaten in einem Wasserbad erwärmen. Bei mittlerer Temperatur mindestens 30 Minuten mit dem Schneebesen aufschlagen, bis die Masse schön dicklich wird. Durchhalten! Es lohnt sich!

Die Masse in Gläser füllen und kühl aufbewahren.

### Tipp
*Hier kommt Curd!*
*Ersetzt die Kirschen doch einmal mit Himbeeren oder Erdbeeren. Die reinste Obstexplosionen!*

# Kirsch-Trifle
## mit weißer Schokolade

*Kann es ein Leben ohne Trifle geben?
Nö! Muss es auch nicht, denn die sind schnell gemacht
und die Varianten unendlich.
Ab ins Glas!*

## Zutaten

**für 4 Portionen**

250 g Sahne
1 Pck. Vanillezucker
12 Löffelbiskuits
125 ml Milch
200 g weiße Schokolade, gehackt
200 g Kirschen, entsteint
und halbiert
200 g Kirsch Curd

Sahne mit dem Vanillezucker steif schlagen.

Löffelbiskuits in grobe Stücke brechen.

Milch in einem kleinen Topf mit der weißen Schokolade erwärmen und solange rühren, bis die Schokolade geschmolzen ist. Abkühlen lassen.

In die Gläser ein paar Stücke des Löffelbiskuits geben. Darauf etwas weiße Schokoladenmilch, ein paar Kirschhälften und Vanille-Sahne aufgeben. Zum Schluss einen Esslöffel Kirsch Curd darauf verteilen. Das ganze wiederholen bis die Gläser bis zum Rand gefüllt sind.

Wer keine Zeit hat, den Kirsch Curd selbst zu machen (siehe Seite 94/95) und auch im Supermarkt seines Vertrauens kein Glück hatte, der kann stattdessen auch etwas Kirschmarmelade nehmen. Schmeckt aber natürlich nicht ganz so gut!

**Tipp**

*Nicht jugendfrei!
Wer es noch „kirschiger" mag,
der träufelt ein wenig
Kirschwasser (Obstbrand)
auf die Löffelbiskuits.*

# ★ ★ ★ ★ ★
# Knackiges
# Brombeer-Dessert

*Hier ist es auch schon. Das Dessert kam bei meinen Freunden und Testessern Jens und Sarah am besten an. Sie lieben die Idee mit den knackigen Haferflocken und überlegten bei jedem Happen, wo sie diese in der Zukunft überall zumischen werden. Natürlich kann man die Brombeeren je nach Saison mit anderem Obst austauschen, die karamellisierten Haferflocken dürfen aber auf gar keinen Fall fehlen.*

## Zutaten

**für 2 große Portionen (oder 4 kleine)**

*80 g brauner Zucker*
*60 g Haferflocken*
*300 g Brombeeren*
*1 TL Zimt*
*400 g Sahne*
*4 TL Whiskey*
*Mark 1 Vanilleschote*

4 TL braunen Zucker mit den Haferflocken in eine kleine Pfanne geben und erhitzen, bis sich der Zucker vollständig aufgelöst hat. Am besten daneben stehen bleiben und ständig umrühren. Die Flocken brennen schnell an.

Die Haferflockenmasse auf ein Backpapier legen und abkühlen lassen.

Ein paar Brombeeren zur Dekoration zur Seite legen. Die Hälfte der Brombeeren zusammen mit dem restlichen Zucker und dem Zimt pürieren. Die andere Hälfte der Brombeeren halbieren.

Sahne mit Whiskey und Vanille streif schlagen. Wenn es draußen sehr heiß ist, nehme ich zusätzlich etwas Sahnesteif.

2/3 der Haferflocken unter die Sahne heben.

Nun die Gläser abwechselnd füllen: Sahne, Brombeerpüree, halbierte Brombeeren. Als Topping ein paar Brombeeren auflegen und mit den restlichen knackigen Haferflocken bestreuen.

*Von Sarah und Jens
getestet und für
unschlagbar
gut befunden!*

# Apfel-Toffee-Auflauf

***************************************************

*Eines meiner absoluten Lieblingsrezepte!
Ich nehme dazu immer die kleinen Mini-Cocottes, sodass jeder seine
eigene Portion am Tisch erhält. Das Rezept funktioniert aber auch in
einer großen Auflaufform, über die dann alle am Tisch herfallen können.*

***************************************************

## Zutaten

**für 6 kleine
Auflaufförmchen**

400 g Brioche
100 g Vollrohrzucker
100 g Butter
4 Äpfel, in dünne Scheiben
geschnitten
250 g Sahne
250 ml Milch
3 Eier
Mark 1 Vanilleschote

**Außerdem**

etwas Butter für die Form

Rand von der Brioche entfernen und das Brot in Streifen schneiden.

In einer Pfanne den Zucker mit der Butter schmelzen lassen und verrühren, bis sich der Zucker vollständig aufgelöst hat. Die Apfelscheiben dazugeben und 5 Minuten köcheln lassen bis die Apfelscheiben weich geworden sind.

Sahne, Milch, Eier und Vanille gut verrühren.

Kleine Auflaufförmchen einfetten und den Boden mit ein paar Apfelscheiben auslegen. Nun eine Schicht Briochestreifen auflegen, danach ein paar Apfelscheiben, wieder ein paar Briochestreifen und zum Schluss wieder ein paar Apfelscheiben. Die restliche Karamellsauce aus der Pfanne nicht weggießen, die brauchen wir noch zum Servieren.

Die Sahnemischung darüber gießen. Nun ein paar Minuten warten, bis sich das Brioche mit der Sahnemischung vollgesogen hat und eventuell noch ein bisschen von der Sahnemischung zugeben. In der Zwischenzeit könnt ihr den Ofen auf 120 °C vorheizen.

Die Auflaufförmchen in den Ofen geben (mittlere Schiene) und 1 Stunde backen.

Aus dem Ofen nehmen und die Karamellsauce in der Pfanne etwas erwärmen und über den Briocheauflauf geben.

# Panna Cotta
## mit gerösteten Trauben

*Panna Cotta ist der Klassiker unter den Desserts. Manchmal nehme ich für meine Rezepte Vanille aus der Mühle. Geht einfach schneller. Bei der Panna Cotta jedoch verwende ich nur das Mark einer Vanilleschote. So viel Zeit muss sein!*

## Zutaten

**für 6 Portionen**

5 Blatt Gelatine
125 ml Milch
500 g Sahne
100 g Zucker
Mark von 1 Vanilleschote

**Topping**

250 g Trauben, kernlos
5 TL Honig
abgeriebene Schale von 1 Bio-Orange
1 Zweig Rosmarin

Gelatine in kaltem Wasser 5 Minuten auflösen.

Milch in einem kleinen Topf erwärmen und die ausgedrückten Gelatineblätter mit dem Schneebesen einrühren.

Nun erwärmt ihr in einem zweiten Topf die Sahne zusammen mit dem Zucker und dem Vanillemark und bringt die Sahnemischung zum Kochen. Vom Herd nehmen und die Gelatinemilch mit dem Schneebesen unterrühren. Etwas abkühlen lassen und in 6 Förmchen füllen. Ich habe sie in 6 kleine Puddingförmchen gegossen und über Nacht im Kühlschrank aufbewahrt, sodass ich sie gut stürzen konnte. Natürlich könnt ihr auch andere Förmchen nehmen. Diese vor dem Eingießen der Panna Cotta mit eiskaltem Wasser ausspülen und gut abtrocknen. Die Panna Cotta mindestens 4 Stunden im Kühlschrank fest werden lassen. Besser noch über Nacht.

Vor dem Servieren das Topping vorbereiten. Backofen auf 200 °C (Umluft) vorheizen. Die kernlosen Trauben mit dem Honig und der Hälfte der Orangenschale vermischen und auf ein mit Backpapier ausgelegtes Backblech legen.

Den Rosmarinzweig auf die Trauben legen und 10–15 Minuten im Backofen rösten lassen. Etwas abkühlen lassen und auf die Panna Cotta geben. Mit der restlichen Orangenschale bestreuen.

*Die Italiener
haben es kulinarisch
einfach drauf.
Viva Italia!*

# Patricks kleine Sünden

# Schokoladen-Orangen-
# Fudge

*Fudges sind meine kleinen Stars. Sie sind einfach und schnell gemacht und lassen Platz für kreative Geschmacksrichtungen. Sie sind vielseitig und einfach köstlich. Süße Glücklichmacher, die jedem ein Lächeln auf die Lippen zaubern. It's a fudge day? It's a beautiful day!*

## Zutaten

**für 1 eckige Springform
(20 cm x 20 cm)**

*500 g Vollmilchschokolade*

*1 Dose gezuckerte Kondensmilch
(ca. 400 g)*

*3 TL Orangenlikör*

*Mark von 1 Vanilleschote*

*abgeriebene Schale
von 1 Bio-Orange*

Springform mit Backpapier auslegen. Schokolade in einem kleinen Topf zusammen mit der Kondensmilch zum Schmelzen bringen. Orangenlikör und Vanille zugeben und verrühren.

Die Schokoladenmasse in die Springform geben, mit der Orangenschale bestreuen und für mindestens 4 Stunden in den Kühlschrank stellen. In kleine Stücke schneiden und servieren.

Es eignet sich natürlich auch jede andere Sorte Likör für den eigenen Lieblings-Fudge.

*Streng genommen besteht ein Fudge immer auch aus Zucker, Butter und Milch. Ich nehme es aber nicht so streng mit diesen Regeln. Ich mach's mir lieber einfach. Hauptsache lecker! Hauptsache Fudge.*

# ★★★★★ Kirsch-Müsliriegel

*,,,,,,,,,,,,,,,,,,,,,,,,,,,,,,,,,,,,,,,,,,,,,,,,,,,,*

*Müsliriegel selber zu machen, macht mir unheimlich viel Spaß. Man kann seiner Kreativität bei den Zutaten völlig freien Lauf lassen. Und eingewickelt in ein Stück Backpapier sind sie ein wunderbares Mitbringsel. Allerdings besteht die Gefahr, dass aus dem Mitbringsel Wegzehrung wird. Vorsichtshalber sollte man daher zusätzlich Blumen mitbringen.*

*,,,,,,,,,,,,,,,,,,,,,,,,,,,,,,,,,,,,,,,,,,,,,,,,,,,,*

## Zutaten

**für eine eckige Springform (24 cm x 24 cm)**

250 g Haferflocken
250 g Cornflakes
1 Prise Meersalz
100 g Belegkirschen, geviertelt
100 g Honig
50 g brauner Zucker
50 g Butter
100 g Zartbitterschokolade
200 g Mini-Marshmallows

Eine eckige Springform (24 cm x 24 cm) mit Backpapier auslegen.

Haferflocken und Cornflakes in einer große Schüssel vermengen. Ruhig kräftig mit den Händen die Cornflakes etwas zerdrücken. Macht unheimlich Spaß!

Salz und Belegkirschen unterheben.

In einem Topf Honig, braunen Zucker, Butter und Schokolade auf kleiner Flamme zusammen schmelzen lassen. Marshmallows dazugeben und unter ständigem Rühren schmelzen lassen.

Die Marshmallow-Masse nun auf die Haferflocken-Mischung geben und mit den Händen gut untermengen.

Die Masse in die Springform geben und mit den Händen fest andrücken. Abkühlen lassen und in kleine Riegel schneiden.

Versucht doch einmal die Belegkirschen mit getrockneten Cranberries oder die Zartbitterschokolade mit weißer Schokoalde zu ersetzen. Himmlisch.

**Tipp**
*Wer keine
Mini-Marshmallows
findet, kann auch normale
Marshmallows nehmen.
Die kleinen schmelzen
nur schneller im Topf.*

## Tipp

*Zuckersirup kann man
ganz einfach selber herstellen:
Einfach 100 g Wasser mit 100 g
Zucker verrühren und kurz aufkochen lassen, bis der Zucker komplett
aufgelöst ist. Man kann auch direkt
eine größere Menge an Zuckersirup
herstellen. Einfach in saubere
Flaschen oder Gläser abfüllen.
Hält sich bis zu
2 Monaten.*

★ ★ ★ ★ ★

# Erdnussriegel-
# Popcorn

*Jetzt wird es poppig: Mein Erdnuss-Lieblingsriegel wird zusammen mit gesalzenen Erdnüssen zum ganz großen Kino. Als Kind war ich oft im Kino und habe mich immer über einen XXL-Becher Popcorn gefreut. Dies hat mich diverse langweilige Filme überstehen lassen. Heute mache ich es mir lieber daheim gemütlich, aber ein gutes Popcorn darf dennoch nicht fehlen.*

## Zutaten

### für 6-8 Portionen

*200 g Popcornmais*
*etwas Öl*
*200 g Butter*
*350 g brauner Zucker*
*1 TL Salz*
*60 ml Zuckersirup*
*120 g gesalzene Erdnüsse*
*10 Mini-Erdnussriegel, gehackt.*

Öl in einem Topf heiß werden lassen. Popcornmais dazugeben und mit einem Deckel verschließen. Popcorn aufpoppen lassen. Topf zwischendurch immer mal wieder kräftig schütteln. Das Popcorn in eine große Schüssel geben. Tipps zum Popcorn selbst machen, findest du auf Seite 142.

Backofen auf 160 °C vorheizen.

Butter, braunen Zucker, Salz und Zuckersirup in einen Topf geben und auf mittlerer Hitze köcheln lassen.

Zuckermasse auf das Popcorn geben und gut verteilen.

Popcorn in eine Auflaufform geben, mit den Erdnüssen bestreuen, kurz untermengen und im Backofen 1 Stunde backen. Alle 20 Minuten wenden. Gehackte Erdnussriegel auf das Popcorn verteilen und nochmals 5 Minuten backen, bis die Erdnussriegel geschmolzen sind.

Popcorn auf Backpapier verteilen und abkühlen lassen. In luftdichte Behälter verpackt, hält sich das Popcorn gut eine Woche.

# Vanille-Zitronen Becher

*Hier kommt mein Angeber-Dessert. Die kleinen selbst gemachten Schokoladenbecher lassen sich vielseitig einsetzen und schmecken prima im Sommer eisgekühlt.*

## Zutaten

**für 8 Stück**

*300 g Schokolade (ich nehme 200 g Vollmilch und 100 g Zartbitter)*

*2 Blätter Gelatine*

*300 g Sahne*

*Mark von 1 Vanilleschote*

*4 Eigelb*

*2 TL Zucker*

*abgeriebene Schale von 1 Zitrone*

In einer Muffin-Form 8 Mulden mit je 2 Muffin-Förmchen aus Papier auslegen.

Schokolade im Wasserbad schmelzen und mit einem Backpinsel die Innenseiten der Papierförmchen mit der Schokolade ausstreichen. Kurz antrocknen lassen und so viele Schichten Schokolade aufstreichen, bis die Schokolade verbraucht ist. Vollständig kühl stellen. Da ich meist ungeduldig bin, stelle ich die Muffin-Form kurz in die Gefriertruhe. Dann lässt sich später auch das Papier besser entfernen. Sobald die Schokolade fest geworden ist, das Papier langsam entfernen.

Die Gelatine in kaltem Wasser auflösen. Sahne mit Vanille kurz aufkochen lassen und vom Herd nehmen.

Eigelb und Zucker verquirlen und langsam unter die Vanillesahne rühren. Nochmals leicht köcheln lassen (nicht aufkochen lassen). Dabei ständig mit dem Schneebesen rühren. Die Masse dickt dann etwas ein. Zitronenschale unterheben. Vom Herd nehmen und die ausgedrückten Gelatineblätter unterrühren, bis sich die Gelatine ganz aufgelöst hat. Vollständig abkühlen lassen.

Die Zitronen-Vanillecreme in die Schokoladenbecher füllen und mit dem persönlichen Lieblingsobst servieren.

## Tipp

*Die kleinen Schokobecher eignen sich
auch für Eiscreme oder einfach nur,
um sie mit frischen Beeren zu füllen.
Bei wirklich heißen Temperaturen im
Sommer, nehme ich 3 Blatt Gelatine.*

★ ★ ★ ★ ★

# Kokos-Riegel,
## für die man eine Meuterei auf der Bounty riskieren würde

*Ich habe lange getüftelt und ausprobiert, bis ich die richtige Konsistenz der Kokosriegel hatte. Mal sind mir die Riegel beim Schneiden einfach auseinandergefallen und ein anderes Mal wurde ich damit „belohnt", das sie einfach so süß waren, dass sich selbst bei mir alles zusammen zog. Ich wollte einen Riegel, der auch nach einer Stunde auf dem Tisch noch ansehnlich aussieht und seine Form behält, schließlich isst das Auge ja mit. Und (Trommelwirbel) hier ist er!*

### Zutaten

**für ca. 20 Riegel**

*300 g Vollmilchschokolade, gehackt*

*4 EL Pflanzenöl*

*200 g Kokosraspeln*

*1 Dose gezuckerte Kondensmilch (ca. 400 g)*

*100 g Butter*

*150 g Puderzucker*

*Mark von 1 Vanilleschote (oder aus der Mühle)*

*500 g Mascarpone*

*30 g Gelatine-Fix*

*100 g Kokosraspeln zum Garnieren*

### Außerdem

*etwas Butter für die Form*

Den Boden einer eckigen Springform (ca. 24 cm x 24 cm) mit Backpapier auslegen und die Ränder etwas einfetten.

150 g Schokolade mit 2 EL Öl im Wasserbad schmelzen lassen. Geschmolzene Schokolade in die Springform geben, mit ein paar Kokosraspeln bestreuen und kühl stellen.

Kondensmilch in einem Topf erwärmen und die übrigen Kokosraspeln unterrühren. Für 2 Minuten erwärmen. Butter hinzufügen und verrühren, bis die Butter ganz geschmolzen ist. Puderzucker, Vanille und Mascarpone unterheben.

Gelatine-Fix in etwas Wasser auflösen und unter die Kokosmasse rühren.

Die Masse auf den Schokoladenboden geben und mindestens 3 Stunde im Kühlschrank kalt stellen.

Restliche Vollmilchschokolade mit Öl im Wasserbad erhitzen. Den Rand der Springform lösen und die geschmolzene Schokolade auf die Kokosmasse geben. Für 30 Minuten kalt stellen und in Riegel schneiden. Die Seiten vor dem Servieren nochmals in Kokosraspeln wenden.

**Tipp**
Noch „kokosnussiger"
wird es, wenn man frisch
geriebene Kokosnuss ver-
wendet und noch
4 EL Kokoslikör
unterrührt.

# Crunchy Madeleines

///////////////////////////////////////////////////////

*Madeleines sind das Lieblingsgebäck meiner besten Freundin. Der Duft frischgebackener Madeleines wecken in ihr wunderbare Kindheitserinnerungen. Klar, dass ich sie ihr backe und mir neue Rezepte überlege, denn Crunchy Madeleines kennt sie noch nicht.*

///////////////////////////////////////////////////////

## Zutaten

### für 16 Madeleines

*100 g gesalzene Cashewkerne*
*70 g Zucker*
*70 g Butter*
*100 g Mehl*
*½ TL Backpulver*
*1 Prise Salz*
*2 Eier*
*2 TL Honig*
*Mark von 1 Vanilleschote*

### Außerdem

*etwas Butter für die Form*
*Puderzucker zum Garnieren*

Cashewkerne mit 6 EL Zucker in einem Topf geben und auf hoher Stufe den Zucker unter ständigem Rühren karamellisieren lassen, bis er schön goldbraun geworden ist. Masse auf ein Backpapier abkühlen lassen. Den Cashew-Crunch entweder in einem Mixer zerkleinern oder in einem Gefrierbeutel geben und mit einem Hammer oder Fleischklopfer bearbeiten, bis feine Brösel entstehen.

Butter in einem Topf erhitzen bis sie leicht braun wird und etwas nussig riecht. Abkühlen lassen.

Mehl mit dem Backpulver vermengen. Butter, Mehlmischung, Salz, den restlichen Zucker, Eier, Honig und Vanille gut verrühren. Crunchy-Mix unterheben und den Teig 30 Minuten kühl stellen.

Backofen auf 190 °C vorheizen. Mulden der Madeleine-Form etwas einfetten. Mit einem Löffel den Teig in die Mulden geben und 8–10 Minuten goldbraun backen. Auf einem Gitter abkühlen lassen und vor dem Servieren mit Puderzucker bestäuben.

**Tipp**

*Wer keine eckige Springform in 24 cm x 24 cm zur Hand hat, kann sich auch mit einer runden 26er Springform aushelfen. Das Beste daran ist, dass man beim Riegelschneiden die runden Ecken direkt aufessen kann.*

# Schokoladen-Meringue-Riegel

*Kannst Du das hören? Krsch krsch krsch ... so hört sich das an, wenn man in den fertigen Meringue-Riegel beißt. Darunter wird es ganz cremig durch die kleinen Marshmallows die sich beim Backen mit der Schokolade vermengt haben, bis man dann endlich auf den keksartigen Boden trifft.*

## Zutaten

**für 1 Springform (24 cm x 24 cm)**

*50 g Pflanzenfett
(zum Beispiel Palmin soft)*
*60 g Butter, zimmerwarm*
*200 g Zucker*
*Mark 1 Vanilleschote*
*3 Eier*
*1 TL Backpulver*
*1 Prise Salz*
*50 g Mini Marshmallows*
*100 g Zartbitterschokolade, geraspelt*
*200 g brauner Zucker*

**Außerdem**
*etwas Butter für die Form*

Ofen auf 170 °C vorheizen und die Springform einfetten.

2 Eier trennen und das Eiweiß zur Seite stellen. Nun gibst du das Pflanzenfett, die Butter, Zucker, Vanille, 1 Ei und 2 Eigelb in eine große Schüssel und verrührst alles miteinander.

Mehl mit dem Backpulver und dem Salz vermengen und mit in die Schüssel geben. Alles miteinander kräftig verrühren. Teig in die Springform geben und die geraspelte Schokolade und die Marshmallows darauf verteilen.

Eiweiß steif schlagen, bis sich Spitzen bilden. Den braunen Zucker zum Schluss unterrühren und nochmals aufschlagen.

Die Eiweißmasse auf die Marshmallows geben und im Ofen 35 Minuten backen.

Vollständig abkühlen lassen und in Riegel schneiden. Das geht am besten mit einem großen Kochmesser. Vor dem Schneiden das Messer einfach unter heißes, fließendes Wasser halten, so kleben die Marshmallows nicht so an der Klinge fest.

*Das perfekte Mitbringsel –
in Klarsichttüten
verpackt mit kleinen
Namensschildchen versehen.
Wer sich da nicht einen
Gugel in den Bauch freut!*

★ ★ ★ ★ ★

# Orangen-Polenta-
# Mini-Gugel

*Ich liebe ja diese kleinen Dinger. Im Vorbeigehen verschwinden diese
einfach schnell im Mund und lassen sich perfekt für die Mittagspause
im Büro einpacken. Man muss nur darauf achten, dass die kleinen
Gugel nicht weggemopst werden.*

## Zutaten

**für ca. 40 Mini Gugel**

*200 g Polenta*
*300 g Mehl*
*1 TL Backpulver*
*4 Eier*
*100 g Butter, weich*
*50 g Zucker*
*etwas Vanille aus der Mühle*
*200 ml frisch gepresster Orangensaft*
*abgeriebene Schale von 2 Zitronen*
*3 TL Orangenlikör
(optional)*
*½ TL frisch gemahlener Kardamom*

### Sirup

*100 g frisch gepresster
Orangensaft*
*100 g Wasser*
*100 g Zucker*

### Außerdem

*etwas Butter für die Form*

Backofen auf 180 °C vorheizen und die Mini-Gugelformen
einfetten.

Polenta und Mehl mit dem Backpulver vermengen.

In einer zweiten Schüssel Eier, Butter, Zucker, Vanille
und Orangesaft verrühren. Mehlmischung zugeben und
unterrühren. Zitronenschale, Orangenlikör, Kardamom
unterheben.

Mit einem Teelöffel den Teig in die Formen füllen und
ca. 15 Minuten backen. Etwas abkühlen lassen und aus den
Formen stürzen.

Für den Sirup Orangensaft, Wasser und Zucker in einem
kleinen Topf erhitzen und köcheln lassen bis der Sirup
etwas dicklich wird. Die Mini-Gugel nun mit dem Sirup
übergießen.

## Tipp
*Ich habe daheim ein rundes Abtropfgitter. Da stelle ich die
Mini-Gugel drauf und stelle sie samt Gitter in das Spülbecken.
Mit einem Esslöffel lasse ich den Sirup über die Gugel laufen.
So erspart man sich eine Menge „Sauerei".*

# ★ ★ ★ ★ ★
# Mini-
# Espresso-Gugel

,,,,,,,,,,,,,,,,,,,,,,,,,,,,,,,,,,,,,,,,,,,,,,,,,,,,,

*Jetzt kommt mein Energiekick für den Nachmittag:
Starker Espresso und dunkle Schokolade.
Die Mini-Gugels brauchen keine Glasur und sind daher
ein guter Begleiter ins Büro. Nachmittagstief ade!*

,,,,,,,,,,,,,,,,,,,,,,,,,,,,,,,,,,,,,,,,,,,,,,,,,,,,,

## Zutaten

*für ca. 40 Stück*

*300 g Mehl*
*1 TL Backpulver*
*50 g Zartbitterschokolade, geraspelt*
*60 ml heißer Espresso*
*250 ml Milch*
*1 TL Apfelessig*
*2 TL Rum*
*1 Prise Salz*
*3 TL Kakaopulver, ungesüßt*
*180 g Zucker*
*80 ml Speiseöl*
*Vanille aus der Mühle oder Mark von
1 Vanilleschote*

## Außerdem

*etwas Butter für die Form*

Backofen auf 160 °C vorheizen. Mehl mit Backpulver vermischen.

Schokoladenraspeln in den heißen Espresso auflösen.

Milch, Vanille, Zucker, Öl, Apfelessig, Rum und Espressomischung in eine große Schüssel geben und verrühren. Mehlmischung nach und nach unterheben und zu einem Teig verrühren. Salz und Kakaopulver zum Schluss zugeben und gut unterrühren.

Die Mini-Gugel-Förmchen etwas einfetten. Am besten füllt ihr den Teig in einen Spritzbeutel, um die Masse in die Förmchen zu füllen.

Nach ca. 15 Minuten Backzeit sind die Mini-Energie-Gugels fertig. Ein paar Minuten in den Förmchen abkühlen lassen. Aus der Form lösen und auf einem Kuchengitter vollständig abkühlen lassen.

### Tipp
*Kaffeejunkies
aufgepasst! Wer es noch
kaffeelastiger mag, kann
anstelle des Rums auch
einen Kaffeelikör nehmen.
Schmeckt
ausgezeichnet.*

*Wer sagt,
süß und salzig
passen nicht zusammen?
Ich finde ja, die beiden
sind ein Traumpaar!*

# ★★★★★ Brezelwaffel-
## Stückchen

*Das sind die absoluten Lieblingswaffeln meiner Freunde, wenn wir es uns am Sonntagabend auf meiner Couch gemütlich machen. Auf dem Tisch steht immer eine große Schüssel mit den kleinen Brezel-Waffel-Stückchen. Ein perfekter Fernsehabend!*

## Zutaten

*für 6 Waffeln oder viele kleine Waffelstückchen*

*200 g Mehl*

*1 TL Backpulver*

*100 g Butter*

*100 g Zucker*

*Mark von ½ Vanilleschote (oder aus der Mühle)*

*1 Prise Salz*

*2 Eier*

*2 TL Milch*

*50 g Salzbrezeln, klein gehackt*

Waffeleisen vorheizen. Das Mehl gut mit dem Backpulver vermengen.

Butter, Zucker, Vanille, Salz und Eier schaumig schlagen. Mehlmischung nach und nach unterrühren. Ist der Teig zu fest etwas Milch zugeben. Die gehackten Salzbrezeln unterheben.

Waffeln backen. Wer lieber kleine Waffelstückchen mag, einfach nur 1 TL Teig in die Mitte des Waffeleisens geben.

★ ★ ★ ★ ★

# Macadamia
# Toffee Crunch

*Wer das nicht probiert hat, hat wirklich was verpasst.*
*Dieser Toffee Crunch ist aus meinem Leben nicht mehr wegzudenken.*
*Schnell gemacht, unglaublich lecker*
*und schnell verputzt.*

## Zutaten

**für 1 Springform**
**(ca. 24 cm x 24 cm)**

*220 g Butter*
*220 g Zucker*
*3 TL Wasser*
*1 Prise Salz*
*Mark von ½ Vanilleschote (oder aus der Mühle)*
*125 g Macadamianüsse, gehackt*
*200 g Vollmilchschokolade, fein geraspelt*

### Außerdem

*etwas Butter für die Form*

Butter, Zucker, Wasser, Salz und Vanille in einen Topf geben und auf mittlerer Hitze, unter ständigem Rühren goldbraun werden lassen.

Springform einfetten und zwei Drittel der Nüsse auf den Boden verteilen. Die Butter-Zuckermasse über die Nüsse gießen. 2 Minuten warten und die geraspelte Schokolade auf die Butter-Zuckermasse verteilen. Die Schokolade fängt langsam an zu schmelzen. Dann die restlichen Nüsse darauf verteilen und vollständig abkühlen lassen.

In Dreiecke schneiden oder in Stücke brechen. Luftdicht im Kühlschrank verpackt, hält sich der Toffee Crunch 1 Woche, aber so weit wird es sicher nicht kommen.

### Tipp
*Du kannst natürlich auch anstelle der Macadamianuss deine Lieblingsnusssorte wählen.*

*Pssst…
heimliches Naschen wird
durch den Crunch-Effekt
verhindert. Lieber gleich
die doppelte Portion
machen und teilen.*

# Popcorn-Kokos-
# Schoko-Schnittchen

*Kleine Kuchenriegel mag ich besonders gern.*
*Sie sind schnell gemacht*
*und können ebenso schnell vernascht werden.*

## Zutaten

*für 1 eckige Springform*
*(ca. 28 cm x 18 cm)*

*80 g Popcornmais*
*etwas Öl*
*250 g Kokoskekse*
*120 g Butter, geschmolzen*
*1 Dose gezuckerte Kondensmilch*
*(ca. 400 g)*
*30 g Butter*
*50 g Kokosraspeln*
*200 g Vollmilchschokolade*

Öl in einem Topf erhitzen und den Popcornmais zugeben. Deckel auflegen und Popcornmais aufpoppen lassen. Abkühlen lassen und nicht aufgepoppte Maiskörner entfernen. Tipps zum Popcorn selbst machen, findest du auf Seite 142.

Springform mit Backpapier auslegen. Kokoskekse zermahlen (am besten in einer Küchenmaschine), Butter zugeben und weiter mahlen, bis alles gut vermengt ist.

Den Keksteig nun in die Auflaufform geben und gut andrücken. 30 Minuten in den Kühlschrank geben.

Kondensmilch mit 30 g Butter in einen Topf geben und bei mittlerer Hitze unter Rühren 10 Minuten köcheln lassen, bis die Masse leicht goldbraun wird. Vom Herd nehmen und Kokosraspeln und Popcorn untermengen.

Mit den Händen (am besten die Hände immer etwas nass machen) die Popcornmasse auf den Keksboden drücken.

Vollmilchschokolade im Wasserbad schmelzen lassen und über die Popcornmasse streichen. Die Masse muss mindestens 1 Stunde in den Kühlschrank, bevor aus ihr kleine Riegel geschnitten werden können.

**Tipp**

Gezuckerte Kondensmilch
gibt es fast in jedem Supermarkt.
Man kann diese aber auch selber
herstellen. Einfach 220 ml
Kondensmilch (10 %) mit 250 g
Zucker in einen Topf geben und
unter Rühren erhitzen,
bis sich der Zucker
aufgelöst hat.

*Toffee Bits
sind meine
Geheimwaffe!
Sie pimpen jedes
Dessert auf.*

# Toffee Bits

*Toffee Bits sind aus meiner Küche nicht mehr wegzudenken. Ich nehme sie als Topping fürs Eis, zum Backen oder einfach zum Naschen. Und in 15 Minuten sind sie auch schon fertig. Gut verschlossen halten sie sich wochenlang. Oder sie wandern direkt in meinem Bauch.*

### Zutaten

110 g Zucker
100 g Butter
2 TL Wasser
1 Prise Salz

Alle Zutaten in einen Topf geben und zum Kochen bringen. Unter ständigem Rühren ca. 8–10 Minuten köcheln lassen, bis die Masse eine schöne goldbraune Farbe angenommen hat.

Masse auf ein Backpapier gießen und abkühlen lassen. In Stücke brechen.

Einfach mal unter den Cupcake-Teig rühren und mitbacken. Oder in einen Gefrierbeutel füllen und mit einem Glas (oder einer Dose) klein schlagen und unter Vanilleeis mischen. Aber auch als Topping auf Sahne sind sie einfach herrlich. Oder einfach so.

★ ★ ★ ★ ★

# All in One
# -Riegel

,,,,,,,,,,,,,,,,,,,,,,,,,,,,,,,,,,,,,,,,,,,,,,,,,,,,,,,,,,,,,,,,,,,,,,,,,,,,,,,,,,,,,,,,,,,,,,,,,,,,,,,,,,,,,,,,,,,,,,,,

*Dieser Riegel ist etwas für Experimentierfreudige.*
*Hier kommt einfach alles in eine Form.*
*Die Kombination hört sich seltsam, oder? Hört sich aber nur so an!*
*Nur Mut! Sie schmecken ausgezeichnet.*

,,,,,,,,,,,,,,,,,,,,,,,,,,,,,,,,,,,,,,,,,,,,,,,,,,,,,,,,,,,,,,,,,,,,,,,,,,,,,,,,,,,,,,,,,,,,,,,,,,,,,,,,,,,,,,,,,,,,,,,,

## Zutaten

**für 1 eckige Springform**
**(ca. 24 cm x 24 cm)**

*100 g Kartoffelchips, zermahlen*
*200 g gesalzene Erdnüsse*
*100 g Kokosraspeln*
*100 g Rosinen*
*100 g Schokoladentröpfchen*
*50 g Toffee Bits (s. Seite 131)*
*1 Dose gezuckerte Kondensmilch*
*(ca. 400 g)*

**Außerdem**

*etwas Butter für die Form*

Ofen auf 160 °C (Umluft) vorheizen.

Springform etwas einfetten. Chips, Erdnüssen, Kokosraspeln, Rosinen, Schokoladentropfen und Toffee Bits zusammen vermischen.

Die Masse in die Springform geben und gut mit der Hand andrücken.

Die gezuckerte Kondensmilch über die Masse gießen und 30 Minuten backen. Abkühlen lassen und in Riegel schneiden.

*Chips,
Erdnüsse, Studentenfutter,
Schokolade, … ultimativ
wichtige kulinarische Begleiter
für einen TV-Abend auf der
Couch. Nur mixe ich mir
daraus einen Riegel!
All in one!*

# ★ ★ ★ ★ ★
# Sesam-Würfel

~~~~~~~~~~~~~~~~~~~~~~~~~~~~~~~~~~~~~~~~~~~~~~~~~~~~~~~

*Gerösteter Sesam. Da bekomme ich immer Fernweh und verbinde damit tolle Gerichte und Süßspeisen aus Marrakech, Dubai und Oman. Aber die Sesam-Würfel sind ein kleiner Trost und lindern das schlimmste Fernweh, zumindest für einen kurzen Moment.*

~~~~~~~~~~~~~~~~~~~~~~~~~~~~~~~~~~~~~~~~~~~~~~~~~~~~~~~

## Zutaten

**für 1 eckige Springform
(ca. 28 cm x 18 cm)**

500 g Reismehl
1 TL Backpulver
200 g brauner Zucker
200 g weißer Zucker
1 Dose Kokosmilch
500 ml Vollmilch
Mark von 1 Vanilleschote
3 TL Honig
ein paar geröstete
Sesamsamen

Ofen auf 170 °C (Umluft) vorheizen und die Springform mit Backpapier auslegen.

Mehl, Backpulver und beide Zuckersorten zusammen vermengen. In der Mitte eine Mulde machen und Kokosmilch, Vollmilch und Vanille dazugeben und verrühren. Honig unterrühren.

Teig in die Springform füllen. Nicht wundern, der Teig ist sehr flüssig, aber das muss so sein. Die Sesamsamen über dem Teig verteilen. 60 Minuten backen. Vollständig abkühlen lassen und in kleine Würfel schneiden.

## Tipp
*Mandeln oder Nüsse unter den Teig geben und mit Griechischem Joghurt, verrührt mit Honig, servieren.*

★ ★ ★ ★ ★

# Bananen-Karamell
## Schnittchen

,,,,,,,,,,,,,,,,,,,,,,,,,,,,,,,,,,,,,,,,,,,,,,,,,,,,,,

*Das ist mal ein Schnittchen. Ein ganz besonderes sogar.*
*Nicht überzeugt?*
*Also, dann zählen wir mal die Vorteile auf:*
*Banane, Schokolade und Karamell. Überzeugt? Na also.*

,,,,,,,,,,,,,,,,,,,,,,,,,,,,,,,,,,,,,,,,,,,,,,,,,,,,,,

### Zutaten

**für 1 eckige Springform**
**(24 cm x 24 cm)**

150 g Mehl

½ TL Backpulver

60 g Zucker

100 g Butter, geschmolzen

2 Bananen, diagonal in Scheiben geschnitten

250 g Sahne, geschlagen

100 g Vollmilchschokolade, geraspelt

### Karamellfüllung

350 g Zucker

50 ml Wasser

120 g Butter

Mark von 1 Vanilleschote (oder aus der Mühle)

1 ½ TL Meersalz

160 g Sahne

Ofen auf 180 °C (Umluft) vorheizen und die Springform mit Backpapier auslegen.

Mehl, Backpulver und Zucker vermengen. Butter zufügen und verrühren. Den Teig in die Springform geben und fest andrücken. 20 Minuten backen und vollständig abkühlen lassen.

Nun kannst du die Füllung zubereiten. Das Wasser und Zucker in einen kleinen Topf geben und erhitzen. Kurz aufkochen lassen und 10–15 Minuten köcheln lassen, bis alles eine goldbraune Farbe angenommen hat. Zwischendurch gut umrühren. Butter dazugeben und verrühren. Vom Herd nehmen und Vanille und Salz unterrühren. Sahne unterheben. Am besten alles mit einem Schneebesen gut verrühren.

Die Karamellsauce gut abkühlen lassen und auf den Kuchenboden verteilen. Mindestens 1 Stunde kühl stellen.

Die Bananenscheiben auflegen und die Sahne darüber verteilen. Bis zum Servieren im Kühlschrank aufbewahren. Kurz vor dem Servieren mit der geraspelten Schokolade garnieren und in Schnittchen schneiden.

★ ★ ★ ★ ★

# Kokos-
# Popovers

/////////////////////////////////////////////////////////

*Popovers sind nicht nur unglaublich lecker, sondern auch spannend wie
ein guter Krimi. Ich sitze meist die ersten Minuten vor dem Backofen,
nur um zu schauen, wie schnell sich die Form verändert.*

/////////////////////////////////////////////////////////

## Zutaten

### für 10 Popovers

*250 ml Kokosmilch*

*2 Eier*

*15 g Butter, geschmolzen*

*125 g Mehl*

*1 Prise Salz*

*Mark von 1 Vanilleschote
(oder aus der Mühle)*

*30 g Butter*

*50 g Zucker*

*50 g Kokosraspeln*

### Außerdem

*2 TL Öl für die Form*

Backofen auf 200 °C vorheizen. Kokosmilch, Eier und
Butter kräftig verrühren, bis eine glatte Masse entsteht.
Mehl, Salz und Vanille dazugeben und umrühren.

Muffin-Form für 5 Minuten in den Backofen geben, damit
diese sich erhitzt. Mit einem Pinsel die Förmchen dünn mit
Öl ausstreichen. Förmchen zu Hälfte mit dem Teig füllen
und 15 Minuten backen (in dieser Zeit nicht den Backofen
öffnen). Nun den Backofen auf 180 °C herunterdrehen und
die Popovers nochmals 10 Minuten backen.

Die Popovers aus der Form lösen und auf einem Kuchengitter etwas abkühlen lassen. Am besten mit einem scharfen
Messer die kleinen Popovers von unten einstechen, damit
die heiße Luft entfliehen kann.

Butter in einem kleinen Topf schmelzen lassen. Zucker
und Kokosraspeln jeweils in eine kleine Schüssel geben.
Die noch warmen Popovers mit der geschmolzenen Butter
bestreichen und zuerst in dem Zucker wälzen, dann in den
Kokosraspeln. Am besten noch warm servieren.

# Toffee Popcorn

Die Popcornzubereitung macht mir am meisten Spaß und obwohl ich weiß, dass man beim Aufpoppen den Deckel des Topfes zulassen sollte, um zu vermeiden, dass sich danach das Popcorn in der ganzen Küche befindet, muss ich es jedes Mal wieder tun. PLOP! POP!

## Zutaten

**für ca. 6 Portionen**

**Popcorn**

150 g Popcornmais
etwas Öl
100 g gesalzene Erdnüsse

**Coating**

620 g Zucker
75 ml Wasser
3 TL Zuckerrübensirup
220 g Butter
1 Prise Salz
etwas Vanille aus der Mühle
1 TL Natron

Öl in einem hohen Topf heiß werden lassen. Popcornmais einfüllen und den Topf mit einem Deckel versehen. Das Popcorn „aufpoppen" lassen. In eine große Schüssel geben und ungepoppte Maiskörner entfernen. Die Erdnüsse unterheben.

Backofen auf 100 °C vorheizen und ein Backblech mit Backpapier auslegen.

Für das Coating 220 g Zucker mit dem Wasser in einen Topf geben und aufkochen lassen, bis sich der Zucker vollständig gelöst hat. Den Zuckerrübensirup zugeben und verrühren. Butter, Salz und Vanille zugeben und unterrühren, bis die Butter vollständig geschmolzen ist. Den restlichen Zucker zugeben und gut verrühren. Mindestens 5 Minuten köcheln lassen und das Rühren nicht vergessen. Zum Schluss das Natron zugeben und kräftig verrühren.

Die Toffeemasse über das Popcorn geben und mit einem Teigschaber gut unterheben, sodass das Popcorn überzogen wird. Das Popcorn nun auf das Backblech geben und für 1 Stunde im Backofen backen. Mindestens 30 Minuten abkühlen lassen.

PATRICK ROSENTHAL ★ ★ ★
**Ich
machs mir
einfach**

# Pop it

*Ich liebe Popcorn.
In einigen Rezepten in diesem Buch bringe ich euch auch zum Poppen.
Popcorn selber zu machen ist einfacher, als man denkt.
Und die Geschmacksrichtungen sind fast unendlich. Hier meine Tipps!*

1. Nutze immer einen hohen Topf mit Deckel, denn heiße Ölspritzer und poppendes Popcorn, welches durch die Küche fliegt sind unangenehm.
2. Nutze nur Öl, welches sehr hohe Hitze aushalten kann. Ich nehme meist Rapsöl oder Sonnenblumenöl. Aber auch Kokosnussöl und Erdnussöl funktionieren perfekt.
3. Ist das Öl heiß genug? Wenn das Öl anfängt kleine Bläschen zu schlagen, lege ein paar Popcorn-Maiskörner in den Topf. Wenn diese aufpoppen, ist es Zeit die anderen Körner zuzugeben.
4. Den Topf während des „Aufpoppens" mal kräftig schütteln. Dies verhindert, dass das aufgepoppte Popcorn anbrennt.
5. Den Deckel während des Schüttelns ein wenig öffnen (eine ganz kleine Öffnung), so kann Wasserdampf entweichen und das Popcorn wird schön knackig.
6. Das aufgepoppte Popcorn vom Topf in eine große Schüssel geben und kräftig schütteln. So bleiben nicht aufgepoppte Kerne unten in der Schüssel. Danach nochmals in eine andere Schüssel langsam umfüllen. Und schon ist man die harten Kerne los.
7. Popcorn nimmt am besten Gewürze oder Zucker auf, wenn es noch warm ist.
8. Popcorn ist ein perfektes Geschenk. Da es so leicht ist, lässt es sich auch toll versenden.

### Hier noch ein paar leckere Variationen:

Das Popcorn in eine große Schüssel geben und mit etwas warmer Butter überziehen. Gut mit den Händen durchmengen und mit Puderzucker, Kräutern der Provence oder abgeriebener Zitronenschale vermischen.

Oder die Butter vorher in einem kleinen Topf anbräunen lassen und über das Popcorn geben und mit Meersalz vermengen. Yummi!

# Danke

Es gibt so viele Menschen, denen ich DANKE sagen möchte, will, muss und sollte. Das würde hier sicherlich den Rahmen sprengen und ein ganzes Buch füllen. Also konzentriere ich mich auf die Menschen, die einen großen Teil dazu beigetragen haben, dass ich dieses Buch bewerkstelligen konnte: Danke an Mariel und Kischa, die verlagsseitig mein Anker waren und selber so viel Spaß an der Entstehung des Buches hatten, dass es mir zwischen backen, fotografieren, schreiben und essen, leicht gefallen ist das Abgabedatum einzuhalten. Danke an Sven, der nicht nur mein tolles Logo designt und damit den Startschuss für meinen Blog gegeben hat, sondern auch immer und immer wieder versucht hat, mir die Grundlagen von Pixel, Ebenen und Co. näher zu bringen. Ohne dich hätte ich es nicht geschafft. Du bist und bleibst der Beste!

Danke an Sarah, die beste Testesserin der Welt und beste Freundin des Universums. Meine Ruheinsel. Danke an Michaela (www.herzlieb.de) und Sarah (www.dasknusperstübchen.net) die mir gezeigt haben, dass es Blogger mit viel Herz gibt. Mein besonderer Dank an Jens, der mich nicht nur fleißig mit Fotohintergründen und Dekorationsmaterial versorgt hat (ein Paradies für jeden Blogger), sondern auch dafür, dass er es ausgehalten hat, dass ich innerhalb weniger Stunden, die Küche in ein riesiges Chaos versetzen kann. Und das jeden Tag aufs Neue. Und natürlich Danke an euch alle, die dieses Buch in der Hand halten und meinen Blog lesen. Ohne Euch wäre das alles nichts wert. Ich hoffe, Ihr habt genauso viel Spaß mit dem Buch wie ich. Auf in die Küche. Und vor allem zeigt mir, wie ihr es macht.

Ich freue mich auf Euch bei:
Facebook: facebook.com/ichmachsmir
Pinterest: pinterest.com/ichmachsmir
Instagram: instagram.com/ichmachsmireinfach
Twitter: twitter.com/ichmachsmir
#ichmachsmireinfach

Und wer mal Lust hat meine frisch gebackenen Kleinigkeiten gemeinsam mit mir zu vernaschen, hält einfach Ausschau nach #meetpatrick
www.ichmachsmireinfach.de

## IMPRESSUM

**Rezepte, Text und Fotos:** Patrick Rosenthal, www.ichmachsmireinfach.de
**Produktmanagement:** Mariel Marohn
**Layout:** Nakischa Scheibe
**Satz:** Lydia Keßner
**Druck und Bindung:** Neografia, Slowakei

1. Auflage 2016
© 2016 TOPP LAB in der frechverlag GmbH, Turbinenstr. 7, 70499 Stuttgart

ISBN 978-3-7724-7920-5 • Best.-Nr. 7920